La revolución nomocrática:

una solución al proceso decadente de la humanidad en el Siglo XXI.

Julio Alfredo López

I

Dedicado a la juventud trabajadora mundial: empresaria, asalariada e independiente, la cual espera y merece un mundo mejor que el decadente que se encuentra viviendo, un mundo fundado en la verdad, en la justicia, en la paz y en el amor a la vida.

Esta solución que propongo para superar el proceso decadente de la humanidad en el Siglo XXI, se la ofrezco a la juventud trabajadora mundial como parte de mi responsabilidad con ella; porque entre las respuestas con las cuales puede contar la juventud en nuestra época, considero, se encuentra la revolución nomocrática enmarcada en el humanismo radical, es decir, un humanismo que nos defina como humanos radicalmente, en tanto que, debemos vivir en este mundo con el hombre y para mejorar al hombre, y no contra el hombre y para degenerar al hombre.

II

" Qué han hecho el río y el mar

para ser reyes en los cien valles?

Se han puesto debajo de ellos

y por eso reinan en los cien valles.

Si el santo quiere estar encima del pueblo,

que sepa primero hablar con humildad.

Si quiere encabezar al pueblo,

que se ponga en el último lugar.

Así está el santo encima del pueblo

y no le parece pesado,

dirige al pueblo

y no hace sufrir al pueblo.

Con gusto lo ponen a la cabeza

y no se cansan de él.

Como no rivaliza con nadie,

nadie puede rivalizar con él. "

Lao-tze

Prólogo

El presente ensayo denominado: "*La revolución nomocrática: una solución al proceso decadente de la humanidad en el Siglo XXI*", plantea en principio dos preguntas claves que no se pueden dejar para el epílogo, por lo que es necesario responderlas antes de entrar en materia. La primera pregunta consiste en precisar cuál es el proceso decadente que sufre la humanidad comenzando el Siglo XXI, y la segunda pregunta se plantea, en qué se fundamenta la revolución nomocrática como solución al proceso decadente que esta sufriendo la humanidad.

Respondiendo a la primera pregunta, puedo afirmar, que cuando los hombres aceptan lo inútil, lo antihumano, lo estúpido, la injusticia social, las minorías dominantes explotadoras y parásitas, las ideologías de cualquier tipo y lo absurdo como la norma para vivir, entonces las culturas, las sociedades y el sentido de la vida se vuelven decadentes para el hombre; por tanto, la emancipación a esa norma decadente para vivir y convivir constituye la iniciativa que conlleva a una revolución, es decir, que en este proceso decadente de la humanidad, no hay opciones para reformas o respuestas de carácter ideológico, las cuales podrían ser usadas por las minorías dominantes del planeta para controlar las turbulencias sociales, con el pretexto de reparar la decadencia. La humanidad actualmente está viviendo una época de decandencia nunca antes vista; las ideologías no pueden dar respuestas a esta decadencia, porque ellas en sí son decadentes; en el contexto histórico presente, surge la necesidad de optar por otras alternativas racionales que ofrezcan soluciones viables para superar la decadencia y entre éstas se encuentra la revolución nomocrática.

Las exigencias de justicia personal, de respeto a la dignidad, de verdadera libertad, de justicia social, de paz y de fraternidad entre todos los hombres, cubren una aspiración más profunda y universal; los trabajadores asalariados quieren dejar ser peones de ajedrez y explotados por sus amos empresarios, los trabajadores empresarios quieren liderar sus empresas en armonía y en paz con sus empleados, y los trabajadores independientes exigen y merecen representación económico-política en la sociedad; esto significa, que todos los trabajadores (propietarios o empresarios, proletarios o asalariados e independientes) y sus familias, aspiran a una vida plena y libre socialmente, digna de todo ser humano; trabajadores dispuestos a someter a su propio servicio, todo lo que el mundo de hoy les puede ofrecer en tan gran abundancia, sin la hegemonía económico-política de las minorías dominantes especulativas y parásitas de todas las sociedades del planeta.

Ante la segunda pregunta, respondo de la manera siguiente: por primera vez en la historia, la humanidad entera ha llegado al convencimiento que los beneficios de todas las civilizaciones pueden y deben extenderse a toda la humanidad como una herencia y como un derecho de uso y de consumo, que todas las sociedades deben tener acceso a los recursos del planeta; pero esto no resulta posible con la actuación, intervención y el dominio que hacen uso hoy en día las minorías hegemónicas del planeta, en lo social, en lo económico y en lo político.

La nomocracia constituye una solución revolucionaria al estado decadente por el que atravieza la humanidad en nuestra época, por cuanto que, la nomocracia representa la cultura y el poder socio-económico-político de los trabajadores asalariados o proletarios, de los trabajadores empresarios o propietarios y de los trabajadores independientes, poder que les corresponde por derecho natural, legítimo e histórico; en cuanto tal, la nomocracia es un poyecto social identificado con la vida humana, la vida social y la vida física; la nomocracia busca y promueve la verdadera libertad, la justicia social, la solidaridad y la fraternidad entre todos los seres humanos en todo el mundo; la nomocracia busca restablecer en la sociedad el sentido de comunidad perdido y el amor a la vida, por cuanto la sociedad no es una batalla campal en la cual vence el más fuerte o el más astuto, sino que es una dimensión humana de cooperación y de solidaridad, en la cual las personas desarrollen sus facultades de la mejor forma posible y con dignidad; la nomocracia es una respuesta revolucionaria que ofrece una sustitución racional y moral a la norma de vivir lo inútil y lo absurdo que practicamos actualmente la mayoría de los seres humanos en el mundo.

La solución que expongo en este ensayo, es la explicación del porqué la nomocracia constituye una nueva percepción, una nueva concepción y una nueva vivencia de la vida humana, de la vida social y de la vida física a partir del trabajo del hombre socialmente considerado; la filosofía nomocrática que ofrezco como solución al proceso decadente que afronta contemporáneamente la humanidad, es para cambiar el rumbo a nuestro actual proceso decadente por medio del liderazgo de la juventud trabajadora de todo el mundo.

Siendo que el hombre ha sido creado con inteligencia y libertad para transformar la existencia social que se le muestra decadente contemporáneamente, contraria a su dignidad como ser humano, el hombre tiene el deber moral de rebelarse contra la actual decadencia social y mundial para poder vivir dignamente, para ajustarse a un equilibrio humano, social y universal, el cual le permita obtener mejores condiciones para el desarrollo de su vida personal, social y mundial; porque solamente hombres nuevos hacen un mundo nuevo que debe renacer humanísticamente.

Capítulo I

Planteamiento básico: el proceso decadente.

La filosofía, en cuanto es una disciplina que ayuda y promueve al hombre a pensar, a conocer y a actuar conforme a la factualidad fenoménica impresiva y suscitante, y a su objetivo de transformar esa factualidad fenoménica para encontrar y vivir conforme a la verdad, es una fuerza radical que late permanentemente en nuestras vidas, en nuestras visiones de la vida y en nuestros proyectos por construir un mundo mejor; difícilmente sin la reflexión filosófica como ayuda conductora, el hombre camina a tientas buscando las soluciones a sus problemas graves y prácticos de cada día; igualmente necesitamos del conocimiento objetivo científico y de la tecnología en un nivel más específico y pragmático en todos nuestros actos diarios para enfrentar los problemas que nos suscitan e impresionan. Desafortunadamente, el desprecio al pensar filosófico –lo cual constituye una norma en el hombre moderno de masas-, arrastra al hombre al apego de mediocridades intelectuales, a la propaganda dirigida, a slogans, a fantasías ideológicas, etc., opciones de retórica banal y tóxica, las cuales promueven y conducen al hombre moderno a la decadencia; sin embargo, resulta imperioso recalcar, que el amor a la verdad y a la vida encarna al espíritu y eleva al hombre al desarrollo de sus mejores facultades; este es uno de los principios claves del humanismo radical que la nomocracia establece y defiende.

Pese a que el presente ensayo no responde propiamente a la disciplina filosófica en cuanto tal; sin embargo, considero necesario presentar un planteamiento básico del problema aludido bajo un perfil filosófico absorvible y manejable por el lector.

1. Una percepción panorámica.

Mi percepción del proceso decadente de la humanidad iniciando el Siglo XXI, no significa que mi objetivo tenga una dirección gratuita en cuanto a su objetivo aportativo, en tanto que mi percepción se explique en una reflexión crítica del problema o en una análisis de sus causas o en un señalamiento preciso de la verdad del hecho; lo que busco dentro del planteamiento del problema como una exigencia razonable, es describir el panorama como una totalidad comprensible, contrastable y corregible, como un desequilibrio que está viviendo la humanidad contemporáneamente.

El Renacimiento - considerado como una revolucionaria apertura del hombre hacia su mundo exterior-, el racionalismo, el pragmatismo, el iluminismo, el enciclopedismo, el idealismo, el liberalismo, el marxismo, el existencialismo, etc., son las fuentes filosóficas que han dado el sustento estructural a las ideologías que actúan modernamente en nuestro proceso decadente; las ideologías se utilizan como cosmovisiones para percibir, manipular y transformar al hombre, y para normar las relaciones entre los hombres y entre las sociedades del planeta; sin embargo, las ideologías han llegado a su vital agotamiento como respuestas a los graves problemas que afronta la humanidad hoy en día, considerando que son ilusiones de verdad; la acción de la intensa influencia ideológica en toda la historia conocida de la humanidad y la fácil acogida por las masas a sus postulados, han demostrado que sus mecanismos claves tienden a un anti-humanismo necrófilo y violento; los resultados de la acción ideológica se traducen en paradigmas de negación a la dignidad humana, tales como: un capitalismo financiero explotador y voraz, el cual actúa como un productor de riquezas que beneficia a las elites dominantes y a sus administradores, y como un distribuidor de probreza y de miseria para la mayoría de los seres humanos del globo (la quinta parte de la humanidad más emprobecida dispone de menos para subsistir que el rico más grande del mundo, ONU-2008); una crisis financiera y económica mundial que ha presentado sus primeros efectos como recesión económica pronunciada en algunos países industrializados y como el hambre masiva en países pobres desde 2008; unas erupciones socio-políticas incontenibles en algunos países árabes del medio oriente y de Africa, las cuales han derrumbado dictaduras y mantienen en sosobra a otros régimenes, todo esto perfila un verdadero cambio en la configuración socio-económico-política del planeta; el Occupy Movement en Estados Unidos de America que ha aflorado desde Occupy Wall Street desde Octubre de 2011 y ha continuado en diversas ciudades de Estados Unidos de América, manifiesta el rechazo simbólico del 99% de la población americana explotada, empobrecida y ninguniada por una élite política sin autonomía, hipotecada con el capitalismo financiero y por la minoría dominante capitalista que se considera el 1% de la población; estas protestas crecen y necesitan de una alternativa de solución; un comunismo o socialismo real experimentado como fracaso sobre millones de personas, creador de un nuevo esclavismo totalitario (en algunos casos con una reforma capitalista opresiva de las libertades individuales) y dirigido por la nomenclatura y la dictadura del partido comunista; unos modelos fascistas implementados por gánsteres con liderazgo político (el holocausto – con más de veinte millones de víctimas entre judíos, rusos, polacos y otras nacionalidades); unas democracias liberales que de la mano del capitalismo financiero internacional pronuncian la igualdad política de los miembros de las sociedades, pero que niegan la igualdad económica de todos los miembros de las sociedades en tanto justicia social; unas democracias liberales tercermundistas lideradas por gobernantes corruptos sirvientes de las oligarquías, las cuales usan y maniobran el voto para justificarse en el poder, etc.; estas fuerzas ideológicas son productoras de injusticia de todo tipo, de violencia, son productoras de guerras planificadas por las minorías dominantes criminales que envían a sus jóvenes a la muerte, fabricantes de hambre, desempleo, torturas, asesinatos, destrucción y crueldad, masacres, etc..

Este es el mundo desequilibrado que ha heredado la humanidad comenzando el Siglo XXI; una factualidad que apunta a erupciones sociales de incalculables consecuencias catastróficas a nivel mundial, las cuales no podrán ser controladas por las minorías dominantes, aún con todos los recursos a su alcance para eliminar las rebeliones de masas descontentas y desesperadas en cada una de las sociedades del planeta; sin embargo, si las masas se logran concientizar del fraude del poder económico-político de que son víctimas, del engaño, de la ilusión y de la manipulación a que están sujetas por las ideologías y por los dirigentes que las manipulan, y esta concientización la canalizen en una respuesta adecuada, entonces y sólo entonces, la humanidad podrá dar el paso a otro nuevo renacimiento; esta rebelión necesaria contra el proceso decadente de la humanidad tiene que surgir de parte del liderazgo de la juventud trabajadora mundial (empresarios, asalariados e independientes), la cual, utilizando la filosofia nomocrática como instrumento de lucha revolucionaria, podra ofrecer a la humanidad una nueva sociedad humanista posible de vivir para el Siglo XXI, ya que no existe en el mercado intelectual contemporáneo otra solución racional para sustituir a la clase política parásita-ideológica manejada por las minorías dominantes en todo el mundo.

Es sumamente preocupante el proceso decadente que atravieza la humanidad en el Siglo XXI, para aquellos que estamos a favor del hombre, en tanto que, el virus decadente es una herencia negativa transmitida por las generaciones pasadas a la juventud mundial contemporánea; herencia de culturas con pestilentes olores bélicos, herencia de consumismo de cosas, de bienes, de servicios, de drogas y otros alienantes vicios, herencia de un sutil nihilismo existencialista y de un hedonismo sin sentido (vivir por y para el placer mismo), herencia de sistemas sociales ideológicos corruptos e injustos, herencia de religiones formales sin sustento moral y práctico, etc..

Si la riqueza generacional con que cuenta la humanidad es su juventud, el terrible proceso decadente que vivimos actualmente, indica, que no respetamos la intrínseca dignidad humana de nuestra juventud, ya que no estamos produciendo culturalmente lo mejor para heredarle a esa juventud una esperanza para mejorarse por sí misma, para que ella viva en una sociedad acorde con su dignidad y para que pueda trabajar por un mundo solidario con todos los hombres del planeta; la juventud mundial que es noble y digna por naturaleza, dispuesta siempre al sacrificio, con ganas de ser más humana en lugar de tener más cosas, es una juventud que se muere lánguidamente en su tristeza y que envejece prematuramente sin el cuidado responsable de sus mayores; este panorama es desolador y tenebroso para toda la humanidad, nadie debe estar al margen de este problema, todos los que estamos conscientes de este peligro debemos enfrentarlo con todos los medios a nuestro alcance; si nosotros los viejos no producimos lo mejor de nosotros para que la juventud pueda vivir mejor –desideologizadamente- como se lo merecen, el turno vendrá para que los ideólogos aprovechen la desesperación juvenil para conducirla a más de lo mismo: desequilibrio, muerte y decadencia.

La ideología percibe y concibe la factualidad fenoménica de forma a-crítica, de forma ilusa, de forma fantástica, por tanto, distorsiona el conocimiento objetivo de la vida existencial tal cual es; "*el gran enemigo del conocimiento no es la ignorancia, es la ilusión de conocimiento*", Stephen Hawking. La historia de las ideologías ha transcurrido paralela a la historia conocida de la humanidad; la verdadera lucha de las idologías por dominar las vidas de las personas en todo el planeta viene desarrollándose a partir de la edad media; la batalla arranca por las ideologías religiosas por buscar el control y el dominio de los pueblos dentro de su campo conquistado, a consecuencia de imponer la fe por medio de la espada como instrumento de los poderes imperiales que las protegían; la batalla de las ideologías religiosas duró muchos siglos con consecuencias geo-políticas-culturales determinantes, las cuales en nuestra época permanecen unas de forma abierta y otras de forma encubierta; dentro de este proceso ideológico de dominancia religiosa, surge el grito del humanismo por salvar la riqueza intelectual heredada por la humanidad y es así como surge el Renacimiento, admirado desde entonces sólamente por lo que muestran sus aristas literarias y artísticas, y no por el contenido esencial humanístico que ha influenciado definitivamente a la filosofia y a la ciencia moderna; el despertar renancecista también inició su propia batalla ideológica, arrebatándole de alguna manera la bandera a las ideologías religiosas a las cuales combatía; el Renacimiento fue la cuna e inspiración de algunas filosofías, las cuales en el transcurso de cinco siglos han demostrado su influencia y su poder ideológico a la humanidad de forma económica y política; este proceso post-renancecista de las ideologías se ha caracterizado por el desprecio a los valores del hombre, valores que no han sido cultivados ni protegidos, sino por el contrario, la preocupación ideológica se ha fundado en la justificación y protección de los valores particulares, y de los intereses de las minorías dominantes hegemónicas en cada época vivida de la humanidad: monarquías, anti-revoluciones, capitalismo, democracia, socialismo, comunismo, etc.. Este es el perfil histórico de la influencia ideológica de algunas filosofías post-renancecistas que antecede al proceso decadente que sufre la humanidad iniciando el Siglo XXI.

2. Por un humanismo radical.

Contrario a lo que las minorías dominantes y sus administradores en el mundo creen, proclaman y defienden, que la humanidad se encamina hacia su felicidad y hacia su verdadera libertad gracias al avance científico y tecnológico, a la economía global y al mejor conocimiento del ser humano para satisfacer sus necesidades básicas, los hechos apuntan a una verdad diferente, la cual es, que la humanidad cruza por una decadencia en sus valores humanos, en su convivencia, en la justicia social, en el respeto a los derechos humanos, etc.; decadencia que se descubre en el hambre permanente en millones de personas, injusticia social a nivel estructural en cada sociedad del globo, violencia permanente, guerras por imponer hegemonía, terrorismo y antiterrorismo religioso, político y bélico en muchas sociedades, tráfico y comercio ilícito de drogras y personas, corrupción política, etc.; esta balanza inclinada hacia la decadencia en los valores del hombre, en principio se asienta en las consecuencias de la cultura del tener gestada por el materialismo capitalista y el socialista, y en el amor a la violencia y a la muerte, al poder y al dinero, instrumentos que sirven de guía a la minorías dominantes hegemónicas y a sus administradores en el mundo, buscando de esta manera gobernar a toda costa a todas las sociedades del planeta, es decir, gobernar a toda la humanidad con la ilusión ideológica: explotación, dominio y manipulación con control usando cualquier medio a su disposición en contra de las reacciones sociales que se puedan generar en cualquier sociedad del planeta.

Lo contrario a la cultura del tener y al amor a la violencia, a la muerte, al poder, al dinero, se posiciona en la cultura del ser y en el amor a la vida; porque en la profundidad de su consciencia el hombre descubre una ley que no se da él a sí mismo, sino a la que debe obedecer y cuya voz suena con claridad que debe amar y obrar el bien, y evitar el mal. El hombre lleva por tanto en su interior la ley escrita por Dios (sin importar el credo religioso del individuo), a la que su propia dignidad le obliga a obedecer. La consciencia es como una cosa sagrada dentro del hombre con la cual dialoga con Dios, cuya voz resuena en su interior y le invita a amarle y amar al prójimo. Alejándose de esta ley impresa en la consciencia del hombre sobre el amor a la vida, es una de las causas del porqué la humanidad se encuentra en un proceso de decadencia; el hombre de masas moderno se encuentra aburrido, trivial, aislado y completamente solo, es decir, sin amor humano; aún pensando que el hombre moderno forma parte de una muchedumbre cuyas formas están más o menos organizadas socialmente, el hombre moderno no dispone de convicciones reales que pueda compartir con su prójimo, sólamente recibe slogans dirigidos, mensajes ideológicos manipuladores y propaganda dirigida por parte de los medios de comunicación de las minorías dominantes de cada sociedad. El hombre de masas moderno se ha convertido hoy en día en una víctima por excelencia de las ideologías; es por esta razón alienante que la humanidad se ha vuelto destructiva y necrófila, es decir, amante y cultivadora de la violencia, de la muerte, del poder y del dinero, muerte que se viste de diferentes formas: guerras, violencia juvenil, violencia delictiva, violencia colectiva, irrespeto a la vida humana, injusticia social, voracidad de lucro, etc.; ante este proceso decadente, sólamente la verdadera libertad, la independencia mental de las personas y el final de todas las formas de control, manipulación, propaganda y explotación, son las condiciones para impulsar la conducta del hombre al amor a la vida, la cual constituye la única fuerza que puede combatir el fanatismo al cultivo de la violencia, de la muerte, del poder y del dinero; por tanto, el proceso de decadencia que vivimos, el cual se expresa como un desequilibrio humano en todos los niveles sociales de convivencia, exige una solución por parte de un verdadero y radical humanismo, el cual se identifique plenamente con la vida, con los valores y con los derechos humanos, es decir, necesitamos de un nuevo Renacimiento. Un humanismo renancecista que vaya hacia las raíces y a las causas de la violencia, del cultivo de la muerte, del poder y del dinero en toda su profundidad; un humanismo radical renancecista que busque liberar al hombre de las cadenas de opresión, de la fantasía y manipulación mental de las ideologías; un humanismo radical que postule los cambios necesarios para el bien de toda la humanidad, no sólamente en las estructuras sociales, sino también en los valores del hombre en un vivo concepto de comunidad económico-política y en el cambio de las conductas personales de los hombres; un humanismo radical que reinstale al hombre en su supremo rol en la sociedad y en el mundo.

El humanismo radical que utilizo en este contexto, alude, a que el ser humano es un sujeto con dignidad humana y con libertad, y no un objeto maleable y manipulable a los intereses de las ideologías y de las minorías hegemónicas dominantes del mundo; el humanismo radical que defiendo, considera, que los seres humanos son el recurso fundamental de todos los valores sociales y que el ser humano tiene la capacidad racional de percibir, comprender y transformar su vida, la vida social y la vida física, empeñando en esta tarea el desarrollo de todas sus facultades de manera integral, en tanto al ser humano no lo define su animalidad, ni su mentalidad, ni su culturabilidad, al hombre lo define su humanidad y la más preciosa cualidad del hombre es de lo que ha sido provisto por natura: *el amor a la vida.*

En la historia de las renovaciones, reformas o revoluciones involucradas en los diferentes procesos de decadencia y de desiquilibrio de la humanidad, las respuestas intelectuales han competido y luchado unas contra otras; cada respuesta ha reclamando poseer la verdadera y única solución al problema que le ha tocado enfrentar en su época, negando que el oponente tuviese algún nivel de verdad en sus proposiciones; esto constituye a todas luces una negación lógica de lo que constituye la verdad histórica de la humanidad, es decir, esta postura es un error que no hemos corregido aún en las ofertas de solución a las que podemos hechar mano contemporáneamente; la revolución nomocrática, en cuanto se ofrece como una solución al proceso decadente de la humanidad que sufre en el Siglo XXI, no asume en modo alguno el poseer la única verdad en sus proposiciones; la filosofia nomocrática se presenta como una opción viable, razonable y factible de implementar por las juventudes trabajadoras en sus respectivas sociedades, en tanto estas juventudes quieran utilizarla como una herramienta de transformación de su vida personal, social, mundial y fisica; esta posición que asume la nomocracia, obedece al hecho que todas las ofertas de cambio que se han presentado en los diferentes estadios de los procesos de desequlibrio de la humanidad, cada una de ellas ha aportado a la humanidad una herencia de aciertos y errores, herencia sin la cual resulta ingenuo trabajar en la producción de nuevas ofertas a los nuevos desafíos del hombre en su historia.

Capítulo II

6,000 años de historia social de la humanidad.

Los pueblos que no aprenden de la historia están condenados a repetir los mismos errores que otros pueblos cometieron en el pasado; esta ley histórica a diario se repite en todas las sociedades del planeta, especialmente ahora que la humanidad atravieza un proceso decadente.

Para comprender el actual proceso decadente de la humanidad, es necesario también enfocar la vida social del hombre en su historia conocida, por cuanto la historia social de la humanidad constituye un campo de estudio del cual podemos abstraer leyes que nos puedan servir para fundar una solución al proceso decadente planteado.

1. **Leyes determinantes y principales.**

Las leyes que expondré a continuación, fueron abstraídas por el autor sobre la obra de Arnold J. Toynbee, denominada "Estudio de la Historia"; estas leyes no son todas las encontradas en mi investigación, las que expongo representan lo más y mejor comprensible del comportamiento social de la humanidad en sus últimos 6,000 años de historia. Las leyes determinantes y principales son las siguientes:

I. *Las relaciones sociales obedecen al ritmo de las instituciones, y sin estas, la sociedad no es posible, es decir, para que exista una sociedad es necesario que tenga instituciones que normen sus relaciones sociales.*

II. *Una minoría creadora (no minoría dominante) de una sociedad, cuando produce crecimiento en su sociedad, primero realiza internamente sus convicciones y luego convence a la sociedad con su nuevo estilo de vida.*

III. *La sociedad responde a una estructura de relaciones entre individuos, interna y externamente considerados, es decir, que la individualidad por si misma no produce estructura alguna que exprese relaciones en tanto sociedad.*

IV. *La capacidad del poder creador de una minoría dirigente (no minoría dominante), no se limita al atributo político, se extiende hacia las otras dimensiones sociales.*

V. *El progreso real de una sociedad, sucede, cuando ella supera los obstáculos materiales, los cuales no le dejan responder a sus problemas internos de índole espiritual más que material.*

VI. *En una sociedad en la cual la especialización y la casta son determinantes, sus miembros se degradan.*

VII. *Nuevas condiciones de habitat producen respuestas más vigorosas de un pueblo que los problemas viejos que necesitan respuestas a diario.*

VIII. *Las revoluciones sociales se evitan realizando reformas económicas y políticas profundas.*

IX. *La discordia es parte de la naturaleza humana.*

X. *Si una sociedad más civilizada no extiende sus brazos (no en dominación) hacia las sociedades más atrazadas, estas la eliminarán como tal sociedad.*

XI. *Un pueblo derrotado ipso facto suele reaccionar con una respuesta victoriosa.*

XII. *Una incitación interna o externa para lograr un objetivo de amplio alcance en una sociedad, deberá ser autodeterminada con carácter progresiva para que triunfe.*

XIII. *En la medida que el progreso técnico beneficia a una sociedad, el hombre va dependiendo menos de las leyes de la naturaleza.*

XIV. *No existe diferencia transcendental entre un "Señor" y un sencillo "vasallo".*

XV. *La imitación es el instrumento generalmente usado por la masa para practicar lo que su genio líder le ofrece.*

XVI. *Ninguna persona puede vivir socialmente sin libertad personal y sin justicia social, lo demás constituye un sufrimiento.*

XVII. *No ha existido, ni existe en el mundo alguna raza superior creadora de civilización.*

XVIII. *Los últimos 6,000 años estudiados de la historia de la humanidad, demuestran, que ni la raza ni el contorno en si mismos representan generadores de civilización.*

XIX. *El proletarismo es un estado de ánimo más que una cuestión externa, por cuanto es la conciencia y el resentimiento que sale de ella, lo que hace sentirse al proletario el haber sido desheredado de un lugar ancestral en la sociedad.*

XX. *El elemento cultural es la esencia de una civilización.*

XXI. *El tour de force de una civilización es el esfuerzo que le absorve todas sus energías y no le deja ninguna para un futuro desarrollo.*

XXII. *La idolatría de los pueblos los hace sucumbir en sus procesos de imitación creativa.*

XXIII. *El deseo de unidad política de una sociedad puede llegar a desbordarse cuando alcanzan su cima los tiempos revueltos.*

XXIV. *La nivelación y la uniformidad en una sociedad son señales de desintegración social.*

XXV. *Cuando la minoría creadora se convierte en minoría dominante, cuando la masa se retira a la adhesión y a la mímesis al proceso creador y cuando se pierde la unidad social, entonces se da el colapso de una sociedad o de una civilización.*

XXVI. *Los sentidos de promiscuidad y de unidad guardan un mismo sentido social, el cual se expresa en la vulgaridad y en la barbarie en las maneras y en el arte, en una lingue franche y en el sincretismo en la religión.*

XXVII.

La enfermedad que inhibe de la decadencia a los hijos es el colapso de su herencia social.

XXVIII. *La guerra y el militarismo son la causa más potente del colapso de una sociedad.*

XXIX. *Las revoluciones son violentas, porque constituyen el triunfo retrazado de poderosas fuerzas sociales nuevas sobre antiguas instituciones.*

XXX. *La potencia espiritual es la que informa y gobierna al mundo.*

XXXI. *Las religiones tienden a vivificar antes que a destruir el sentido de la obligación social.*

XXXII. *De la esclavitud nacen nuevas religiones.*

XXXIII. *La minoría creadora fracasa con su facultad cuando una sociedad o civilización colapsa.*

XXXIV. *Un imperio genera un medio altamente conductor geográfica y socialmente, al imponer el orden y la uniformidad en sus dominios.*

XXXV. *Los imperios son heridos de muerte por los extranjeros empleados que se vuelven contra sus propios empleadores.*

XXXVI. *El proletariado intelectual debe tener en la sociedad una salida correspondiente a sus capacidades adquiridas, porque de la exasperación de la falta de opciones válidas, este proletariado desata una fuerza impulsiva demoníaca.*

XXXVII. *El criterio de crecimiento es el progreso hacia la autodeterminación. La diferenciación es señal de crecimiento.*

XXXVIII. *La civilización produce historia.*

XXXIX. *El hombre ha llegado a la civilización como una respuesta a una incitación dada en una circunstancia de especial dificultad.*

XL. *El conocimiento de la naturaleza y de la sociedad está al alcance mental del hombre y ese conocimiento es poder.*

2. Comentando las leyes de la historia.

A primera vista parece factible diseñar un nuevo tipo de sociedad que supere la decadencia social que vive la humanidad comenzando el Siglo XXI, a partir de las leyes expuestas sobre la conducta social de la humanidad por más de 6,000 años de historia estudiada; sin embargo y pese a la consideración que el hombre es un animal de costumbres, no bastaría diseñar un nuevo tipo de sociedad que supere los actuales decadentes tipos de sociedad, si el diseño no estuviera sostenido en un marco filosófico que explique cómo y porqué las sociedades contemporáneas deben renovarse para el bien de toda la humanidad. Buscando no dejar huérfanas las leyes de la historia expuestas, buscaré comentar con ellas lo que la humanidad socialmente muestra en su decadencia contemporánea.

I.   *Las relaciones sociales obedecen al ritmo de las instituciones, y sin estas, la sociedad no es posible, es decir, para que exista una sociedad es necesario que tenga instituciones que normen sus relaciones sociales.*

Comentario:

El ser humano en tanto individuo, antes de ser social es un ser sexual; por el sexo dos individuos (el hombre y la mujer) se reproducen y fundan una familia; en este sentido, la familia constituye el primer núcleo social que sostiene relaciones sociales con otras familias y con otros individuos; en consecuencia, las relaciones individuales pueden ser de carácter familiar y/o de finalidad social; las familias fundan instituciones que norman sus relaciones, mientras que los individuos organizados en lo económico y en lo político fundan instituciones que norman sus relaciones sociales; sin embargo, para que exista una sociedad humana no bastan las instituciones sociales per se, es necesario que las instituciones familiares estén incorporadas como el cemento cultural de la sociedad, en tanto que es por la familia como el individuo se integra a la sociedad en sus relaciones; en tal sentido, en las relaciones interindividuales se da una dialéctica entre la familia y la sociedad, y esta dialéctica marca la nota cultural del individuo y de la sociedad ante las otras sociedades del globo.

La decadencia que manifiestan las sociedades contemporáneas, en cuanto a las instituciones que norman sus relaciones sociales, se determina en la práctica cotidiana por las siguientes conductas:

- Corrupción sistemática descarada y/o encubierta, ya sea por parte de los dirigentes económico-politicos, como de las mismas estructuras de las instituciones.

- Instituciones económicas capitalistas que protegen a las minorías dominantes en detrimento de la equidad y de la justicia social de todos los miembros de las sociedades.

- Instituciones políticas democráticas, las cuales funcionan formalmente para la masa social, pero la verdad es que son sirvientes y manipuladas por las minorías dominantes hegemónicas en cada sociedad.

- Instituciones políticas comunistas manejadas por la nomenclatura de poder del partido comunista, el cual atropella los derechos humanos de los miembros de sus sociedades. Las instituciones económicas capitalistas insertadas en las sociedades comunistas, sirven de acumulación de poder económico manipulado por el partido comunista con su poder político hegemónico en la sociedad.

- Instituciones económico-políticas monárquicas, las cuales ahogan la aspiración de libertad y justicia social a los miembros de sus sociedades, preservándose las riquezas obtenidas y acumuladas por la nobleza de turno; las monarquías son parásitos sociales.

- Instituciones internacionales que deberían prestar sus servicios a la humanidad de manera ecuánime, pero la verdad es que atentan contra la dignidad de los miembros de las sociedades en las cuales intervienen; estas instituciones actúan de esta manera, porque se encuentran dominadas por los intereses hegemónicos de algunos países con más poder de decisión, los cuales les condicionan sus pólizas y objetivos.

II. *Una minoría creadora (no minoría dominante) de una sociedad, cuando produce crecimiento en su sociedad, primero realiza internamente sus convicciones y luego convence a la sociedad con su nuevo estilo de vida.*

Comentario:

El crecimiento de una sociedad se funda en su dinámica cultural, la cual irradia sus contenidos en los niveles económico y político de la sociedad; la fuerza de la cultura no deviene de las costumbres domésticas de existencia rutinaria de los miembros de la sociedad, sino que se origina en la producción intelectual de un liderazgo (minoría creadora) que conoce el recurso humano, el status geofísico y el entorno social, con lo cual busca proyectar un desarrollo de las facultades de lo conocido hacia una mejor convivencia y existencia de los miembros de la sociedad; esta producción intelectual del liderazgo social se convierte en convicciones que necesitan ser implementadas en el todo social para que maduren y den los frutos esperados; demostrar que este estilo de vida es el conveniente y el necesario para toda la sociedad, constituye un reto de vida o muerte para la minoría creadora; si la minoría creadora falla en su misión, la misma sociedad la eliminará por ser peligrosa o inepta; si triunfa, el crecimiento cultural de la sociedad estará definido hacia el futuro. La minoría dominante de una sociedad es la antítesis de la minoría creadora, en tanto que, la minoría dominante acumula poder y manipula calculadamente los recursos naturales y sociales (instituciones, fuentes, capital, cultura, etc.) que la mayoría de los miembros de la sociedad no disfrutan como propios; en cuanto tal, la minoría dominante de una sociedad es productora permanente de conflictos sociales, es autoritaria (abierta o simuladamente), es imperativa hasta el extremo de extender su poder e influencia a otras sociedades del planeta.

Las sociedades decadentes contemporáneas muestran evidentemente el poder hegemónico de sus minorías dominantes y no expresan en modo alguno la actuación de minorías creadoras que salvarían con su trabajo la decadencia de las sociedades del globo.

III. *La sociedad responde a una estructura de relaciones entre individuos, interna y externamente considerados, es decir, que la individualidad por sí misma no produce estructura alguna que exprese relaciones en tanto sociedad.*

Comentario:

Las relaciones entre los individuos en una sociedad, están precedidas por las relaciones familiares, y estas relaciones fundan una comunidad como una estructura de las relaciones interindividuales; es en la comunidad en donde se desarrolla la comunicación y la movilización integral de los individuos; las comunidades integradas constituyen la verdadera estructura de la sociedad. El individuo en si mismo no es viable socialmente, por cuanto el individuo depende de los otros individuos (ya sea familia, amigos, colegas, etc.) para subsistir y desarrollarse en tanto ser humano; el individuo esta sujeto a la comunidad en primera instancia, luego a la sociedad en segunda instancia y a la humanidad en última instancia. Las sociedades contemporáneas están marcadas por un individualismo anti-comunitario, en el cual prevalecen los intereses egoístas del individuo y no la participación integral con los otros miembros de la comunidad.

IV. *La capacidad del poder creador de una minoría dirigente (no minoría dominante), no se limita al atributo político, se extiende hacia las otras dimensiones sociales.*

Comentario:

El ethos cultural generado por una minoría creadora en una sociedad, promueve el desarrollo de los recursos humanos, materiales y naturales de la sociedad orientados a la unidad, a la justicia social y al respeto, a la promoción y al cumplimiento de los derechos humanos; en cuanto tal, este desarrollo concretiza el objetivo del poder político en la sociedad en tanto regulador ético; sin embargo, no es posible alcanzar este objetivo político si antes la cultura promovida por el liderazgo creador no haya alcanzado el desarrollo de la dimensión económica, de la dimensión educativa, de la dimensión comunitaria, etc., las cuales constituyen las bases operativas del poder político; esta es la explicación del porqué la ideología política es una ilusión sobre la vida social, en tanto que la ideología política se enfoca únicamente en el atributo político de la sociedad y no responde al ethos cultural en que descansan todas las dimensiones de la sociedad; en cuanto tal, la ideología política está esencialmente divorciada de la estructura cultural de la sociedad, por cuanto la ideología es una alienación mental para concebir, vivir y transformar la realidad de la sociedad.

Una de las causas de la decadencia en las sociedades contemporáneas, consiste, nada menos que en el dominio conceptivo, operativo y permanente de las ideologías políticas sobre todos los miembros de la sociedad, en tanto que las ideologías se comportan como modelos a seguir por parte de las masas, cuando la verdad es que las ideologías políticas son ilusiones sin fundamento racional sobre la vida social.

V. *El progreso real de una sociedad sucede, cuando ella supera los obstáculos materiales, los cuales no le dejan responder a sus problemas internos de índole espiritual más que material.*

Comentario:

Si contemporáneamente consideramos a las sociedades desarrolladas, en tanto han superado sus obstáculos materiales con las herramientas del capitalismo y la ideología política (democrática, comunista, monárquica, etc.), no por ello las sociedades desarrolladas han alcanzado un progreso que demuestre que sus problemas espirituales han sido resueltos; pero, qué significa el espíritu para que en una sociedad se generen, se planteen y se resuelvan problemas acerca de el espíritu?; sobre lo que sea el espíritu se abre a distintas y diferentes explicaciones conceptuales a lo largo de la historia en las diversas culturas y civilizaciones de la humanidad; sin embargo, existe una uniformidad conceptual fundada en una afirmación categórica acerca de lo que sea el espíritu; se trata que el ser humano es la única especie animal que posee espíritu, el cual está directamente relacionado con el espíritu universal (Dios); en cuanto tal, el espíritu responde a un linaje de vida transcendental en tiempo y espacio; si el espíritu humano es un producto del espíritu universal, el cual gobierna el universo por medio de leyes de forma perfecta, entonces la vida del ser humano tiene que estar conformada por su espíritu que trasciende la vida presente y está dirigida hacia el espíritu universal; la dignidad del ser humano expresada en derechos y deberes sociales, sólamente puede ser respetada y promovida a partir de la concepción espiritual en las relaciones sociales e intersociales. Los problemas internos de índole espiritual en una sociedad, están referidos al sustento, al respeto y a la promoción de la dignidad humana con todos sus derechos y deberes que conlleva. Esta proposición nos da la explicación del porqué las actuales sociedades no han resuelto aún sus problemas espirituales, por lo cual se encuentran enfrascadas en el torbellino de su decadencia.

VI. *En una sociedad en la cual la especialización y la casta son determinantes, sus miembros se degradan.*

Comentario:

Qué significa que los miembros se degraden en la sociedad, significa que se des-humanizan persiguiendo respuestas fijas a las incitaciones internas y externas de la sociedad, las cuales son variables y conmensurables, y no merecen que la sociedad uniformice a sus miembros en especializaciones y posiciones de clase para hacerles frente y responderles. El militarismo, el imperialismo, el comunismo, el comercialismo, las ideologías, el nomadismo, etc., son claros ejemplos de deshumanización social; en ellos, el ser humano como miembro social se degrada en todos los sentidos, es decir, se deshumaniza volviéndose decadente.

VII. *Nuevas condiciones de habitat producen respuestas más vigorosas de un pueblo que los problemas viejos que necesitan respuestas a diario.*

Comentario:

El habitat no se debe entender únicamente como el físico, el habitat también es mental y social; por eso las nuevas condiciones de habitat se deben considerar como físicas (del entorno), como mentales (conocimientos) y como sociales (reformas o revoluciones), en cuanto que, las respuestas a los problemas viejos ya se conocen, y por tanto, no necesitan mayores esfuerzos de parte de los miembros de la sociedad para resolverlos; mientras que las nuevas condiciones de habitat, se presentan ante los miembros sociales como incitaciones a las cuales hay que enfrentar para encontrar las respuestas que mejoren su desarrollo como seres humanos. Entre las nuevas condiciones de habitat que se deben considerar para muchas sociedades contemporáneas, se encuentra el replanteamiento cultural; el replanteamiento cultural es el esfuerzo contínuo por mejorar la educación de todos los miembros de la sociedad y la puesta en marcha de reformas o revoluciones sociales que persigan la justicia social y el pleno respeto a los derechos humanos; de esta manera, se estará combatiendo el proceso decadente de las sociedades; esto es válido para aquellas sociedades que aún no han encontrado la solución a sus problemas espirituales y que necesitan trabajar para encontrarla y asi humanizar la convivencia social y mundial.

VIII. *Las revoluciones sociales se evitan realizando reformas económicas y políticas profundas.*

Comentario:

Las reformas económicas y políticas profundas de una sociedad no se fundan absolutamente en ningún tipo de ideología; las reformas económicas y políticas profundas, están fundadas en la implementación de la justicia social entre todos los miembros de la sociedad; la justicia social está divorciada de la ilusión ideológica de la vida social, por lo que su implementación debe generarse en base a un conocimiento objetivo de la vida social.

El proceso decadente por el que atraviezan las diferentes sociedades contemporáneas en todo el planeta, exige urgentemente la implementación de reformas económicas y políticas profundas en todas las sociedades, por cuanto el sufrimiento colectivo de tolerar el dominio permanente de las minorías hegemónicas, no permite que las masas se liberen de las cadenas de opresión y de engaño en que se encuentran sometidas, por tanto, no puedan alcanzar la tan ansiada justicia social que les corresponde como seres humanos viviendo en sociedad.

IX. *La discordia es parte de la naturaleza humana.*

Comentario:

El delimitante del yo es tener poder sobre otra persona; el delimitante del amor del yo hacia otra persona, es renunciar a tener dominio sobre la otra persona, pero no a renunciar a tener poder sobre la otra persona; poder es influenciar, condicionar, requerir, satisfacer, oprimir, dominar, eliminar, combatir.......matar al otro; los billones o más de seres humanos que han vivido y viven en el planeta, han tenido y tienen un común denominador en su naturaleza: conflictivismo o discordia o violencia inherente. Sólamente el hombre lesiona o mata al hombre sin un fin alimenticio; el animal no-humano lesiona o mata a otros animales (incluyendo al hombre) con el fin de sub-sistir; el hombre lesiona o mata al hombre para imponer su poder; las guerras de toda índole, los holocaustos, los asesinatos masivos, los genocidios, la tortura, el crimen, etc., son pruebas de que la naturaleza humana arrastra la discordia como propia y sin tener una explicación válida del porqué violentar, conflictar, eliminar, matar, etc. para imponer su poder sobre su prójimo. La ciencia no tiene una respuesta a esta tara humana, las religiones justifican esta tara por la imperfección o por la maldad del ser humano, pero durante miles de años que se ha predicado el amor, la paz, la sana convivencia, la tolerancia, etc., por parte de las religiones para que el hombre desista de practicar la discordia, la naturaleza humana sigue inalterada y con más deseos de imponer poder por medio de la discordia, no importando el sacrificio de millones de vidas humanas.

X. Si una sociedad más civilizada no extiende sus brazos (no en dominación) hacia las sociedades más atrazadas, estas la eliminarán como tal sociedad.

Comentario:

La civilización es la cultura desarrollada en su máxima expresión; cuando una cultura ha logrado manejar su habitat físico, mental y social, y sus problemas materiales y espirituales sabe como resolverlos, entonces, la cultura entra en su etapa de civilización; pero como una civilización se desarrolla en un entorno con otras civilizaciones o con otras culturas o con otras sociedades o con otros grupos étnicos, con los cuales tiene que relacionarse de diversas y de diferentes formas, entonces, la sociedad civilizada debe compartir su desarrollo con las sociedades más atrazadas en sus procesos de maduración cultural, de esa manera las sociedades atrazadas podrán desarrollar mejor sus capacidades para alcanzar la máxima expresión cultural que es la civilización; compartir es un gesto humano que dignifica a quien lo ejecuta y de algún modo está calificado para recibir la ayuda de otro; en una sociedad de hambrientos el rico glotón no puede subsistir, ya que necesariamente tiene que compartir sus recursos para salvar su pellejo, esta es una medida inteligente que se aplica a las sociedades civilizadas. Imponer dominación por parte de una sociedad civilizada a las sociedades más atrazadas, es la forma mas simple de cavar su propia sepultura, ya que las sociedades más atrazadas tarde o temprano la eliminarán como tal sociedad.

La decadencia de algunas sociedades contemporáneas más civilizadas del globo, se explica, en que no extienden sus brazos fraternales de ayuda a las sociedades más atrazadas, sino que aplican en ellas la doctrina colonial e imperial para dominarlas; tarde o temprano las masas oprimidas de las sociedades más atrazadas se levantarán contra estas sociedades más civilizadas y las destruirán como tales.

VII. *Un pueblo derrotado ipso facto suele reaccionar con una respuesta victoriosa.*

Comentario:

Aludiendo a la discordia inherente en la naturaleza humana, cuando suceden las guerras entre algunas sociedades y una o varias sociedades son derrotadas, el deseo de venganza de su ethos social algunas veces le lleva a la sociedad vencida a producir una respuesta victoriosa, ya sea re-estructurándose a sí misma o venciendo a su antiguo oponente con sus nuevas fuerzas. Este fenómeno reactivo de algunas sociedades se convierte históricamente en una norma, la cual ratifica la discordia en la naturaleza humana y el deseo de venganza social.

VIII. *Una incitación interna o externa para lograr un objetivo de amplio alcance en una sociedad, deberá ser autodeteminada con carácter progresiva para que triunfe.*

Comentario:

No basta darles de comer a los los hambrientos que se han levantado protestando en una sociedad, por cuanto las protestas constituyen una incitación interna de los miembros de la sociedad, en la cual el hambre define un malestar social que debe ser resuelto radicalmente para evitar una desintegración de la sociedad; anegaciones de ríos o del mar constantes, terremotos, erupciones volcánicas, etc., implican incitaciones internas físicas para la sociedad; responder cada vez a estos fenómenos físicos cuando suceden, no resuelve el problema físico de la sociedad, habrá que buscar alternativas viables, tanto para enfrentar metódicamente estos problemas, como para saberlos manejar para provecho de la sociedad. Esta alusión a ciertas incitaciones internas físicas de una sociedad, busca nada más explicar que para alcanzar objetivos de amplio alcance que beneficien a toda la sociedad, las respuestas deben estar orientadas a una progresión cíclica para materializar las soluciones. No saber responder a las incitaciones internas o externas por parte de una sociedad, conlleva a tomar una posición anti-cultural, anti-humana y decadente por parte de los miembros de una sociedad; esta actitud conlleva a la miseria, a la pobreza, a la injusticia, a la violencia, etc., y tarde o temprano a la desintegración social. Esta ley se aplica a diario en muchas sociedas decadentes contemporáneas.

IX. *En la medida que el progreso técnico beneficia a una sociedad, el hombre va dependiendo menos de las leyes de la naturaleza.*

Comentario:

Cuando el horóscopo es sustituido por la ciencia, el hombre confía más en su capacidad de conocer, vivir y transformar la naturaleza, en tanto que se encuentra educado para enfrentar las incitaciones y las suscitaciones de su medio ambiente; la educación es prioritaria e indispensable para todos los miembros de una sociedad, en tanto que, la buena educación conlleva al desarrollo de un progreso técnico que beneficia a todos los miembros de la sociedad; es por ello que la inversión, los esfuerzos, los recursos y la dedicación orientados a la educación integral de los miembros de una sociedad, debe ser de especial prioridad por parte de los gobernantes de la sociedad; contemporáneamente, tanto las sociedades opulentas como las más pobres, desgraciadamente destinan de sus presupuestos más para armamento y estructuras guerreristas, que para la educación de todos los miembros de sus sociedades; entre más educada es la persona, el hombre se vuelve mas solidario con su prójimo, se vuelve más útil a su sociedad, se vuelve menos violento, se vuelve más humano.

X. *No existe diferencia transcendental entre un "Señor" y un sencillo "vasallo".*

Comentario:

Los derechos humanos son universales y no distinguen a ningún "Señor" de ningún "vasallo", por tanto, no existen diferencias en cuanto a dignidad humana se refiere entre un "Señor" y un "vasallo"; históricamente, estas diferencias de linaje han sido crudas violaciones sociales, pensadas, producidas y manejadas con ideologías de todo tipo por parte de las minorías dominantes de las sociedades.

La decadencia actual de la humanidad, se manifiesta, en que existe realmente diferencias trascendentales entre los "Señores" de las minorías dominantes hegemónicas de las sociedades y los "vasallos" que son las masas desposeídas, explotadas y engañadas de las respectivas sociedades; mientras que los "Señores" disponen del poder económico-político para dominar al mundo, los "vasallos" no disponen de verdadera libertad, de justicia social y de un futuro mejor para ellos y sus familias; en cuanto tal, es necesario y urgente que los "vasallos" se dejen guiar por sus minorías creadoras dirigentes, con el fin de cambiar estas diferencias trascendentales decadentes y la humanidad pueda salir del proceso decadente en que se encuentra.

XI. *La imitación es el instrumento generalmente usado por la masa para practicar lo que su genio líder le ofrece.*

Comentario:

La crianza de los hijos es una transmisión de la imitación de los padres que se repite en sus hijos; para el niño, su madre y su padre son sus genuinos líderes que debe imitar para poder subsistir y desarrollar sus facultades. Los genios líderes de una sociedad, están representados como la minoría creadora que ha contrastado sus convicciones en la vida social y que ofrece por tanto un nuevo estilo de vida a los miembros de la sociedad; los miembros de la sociedad actuando como masa, pueden y deben imitar el nuevo estilo de vida creada por la minoría dirigente, con el fin de poder subsistir y desarrollarse socialmente; en este sentido, los miembros de la sociedad actuando como masa, funcionan como hijos imitando a sus genios líderes como si estos fueran sus padres.

La humanidad necesita urgentemente minorías creadoras, porque sólamente hombres nuevos hacen un mundo nuevo que debe renacer humanísticamente.

XII. *Ninguna persona puede vivir socialmente sin libertad personal y sin justicia social, lo demás constituye un sufrimiento.*

Comentario:

La libertad personal y la justicia social significa para los miembros de una sociedad, la defensa, la vivencia, la protección y la promoción de sus derechos humanos. Las sociedades decadentes contemporáneas sufren el vacío de libertad y de justicia social entre sus miembros, y esta condición social se fundamenta en el dominio hegemónico que ejercen las minorías parásitas dominantes en las sociedades contemporáneas.

XIII.   *No ha existido, ni existe en el mundo, alguna raza superior creadora de civilización.*

Comentario:

Los imperialismos de algunas sociedades se inyectan y promueven en otras sociedades, la droga de la ideología política la usan para justificar sus abusos, su dominio, su barbarie, sus crimenes, sus explotaciones, sus robos, etc. y aparentar un estilo de superioridad civilizante ante las sociedades oprimidas del planeta; sin embargo, ningún tipo de imperialismo se encuentra fundado en la raza como motor de su desarrollo imperial, por tanto, la superioridad mostrada por el imperio no conlleva a la superioridad de la raza o razas que lo sostiene; por otra parte, los imperios no son creadores de civilización, los imperios son el resultado de la decadencia de culturas que en su derrollo sostenido no pueden convivir y compartir sus descubrimientos y avances con otras sociedades, sino que, los imperios buscan imponer sus valores y lograr sus objetivos por medio de la espada y del dinero sobre otras sociedades menos desarrolladas; al final, las sociedades que albergan el afán imperialista terminan en un receso cultural que no les deja renacer nuevamente. Las razas creadoras de civilización, son aquellas que produjeron sus culturas y las llevaron a su máxima expresión en su desarrollo, compartiéndolo con otras sociedades de forma solidaria; en este proceso cultural civilizatorio, no se da ningún tipo de raza inferior ni raza superior, se manifiesta simplemente la humanización verdadera.

XIV. *Los últimos 6,000 años estudiados de la historia de la humanidad, demuestran, que ni la raza ni el contorno en sí mismos representan generadores de civilización.*

Comentario:

Los generadores de civilización en las sociedades, están fundados únicamente en el trabajo de las minorías creadoras de culturas, las cuales encuentran en los miembros de las sociedades el terreno abonado para llevar las culturas a su más alta expresión que son las civilizaciones; la raza particular en este proceso, no define nada sustancialmente; el contorno puede ser inhóspito, abundante, rico, escaso, peligroso, etc., pero no representa un delimitante para que la cultura de una sociedad se desarrolle como civilización; se desprende de ello, que cualquier sociedad del planeta que disponga de una minoría creadora triunfal, podrá generar o replantear su cultura, la cual llevada a su máxima expresión devendrá en una civilización.

XV. *El proletarismo es un estado de ánimo más que una cuestión externa, por cuanto es la conciencia y el resentimiento que sale de ella, lo que hace sentirse al proletario el haber sido desheredado de un lugar ancestral en la sociedad.*

Comentario:

El proletarismo está en función directa del fenómeno de la propietarización ausente y de la integración social discriminante de los miembros de la sociedad; el miembro que no es dueño o propietario de sus medios de producción, sólamente de su fuerza de trabajo y que se encuentra marginado de los beneficios en la sociedad, es considerado un proletario; si el proletario no posee lo necesario para vivir y si la sociedad le discrimina porque no es dueño de lo necesario para vivir, entonces la actitud consciente del proletario es el resentimiento contra todos los que no son proletarios como él en la sociedad; en consecuencia, el proletarismo es un estado de ánimo que puede ser revertido luchando por ocupar un lugar ancestral en la sociedad. La ideología política no resuelve el problema del proletarismo, al contrario, lo exaspera o lo envuelve en una ilusión demagógica; sólamente la defensa, la práctica y la promoción de los derechos humanos en la sociedad pueden resolver el problema del proletarismo social.

XVI. *El elemento cultural es la esencia de una civilización.*

Comentario:

La civilización es la máxima expresión de una cultura; una civilización no se limita a la sociedad que produjo la cultura, en tanto que una civilización puede ser adoptada por otras sociedades como buena, útil y necesaria para vivirse; es por ello que las civilizaciones son en esencia ajenas al fenómeno del imperialismo; el imperialismo de una civilización funciona como un aborto de la sociedad.

XVII. *El tour de force de una civilización es el esfuerzo que le absorve todas sus energías y no le deja ninguna para un futuro desarrollo.*

Comentario:

El tour de force es una expresión francesa que se puede interpretar socialmente como esforzar los límites de la capacidad evolutiva de una sociedad; en este sentido, una civilización se agota cuando hecha mano de su tour de force, en lugar de evolucionar transmitiendo su cultura a otras sociedades, con lo cual sostendría un desarrollo disponible para toda la humanidad. Este es el caso vivo de la civilización Greco-romana-cristiana Occidental, el cual se está desarrollando en el actual proceso decadente de la humanidad.

XVIII. *La idolatría de los pueblos los hace sucumbir en sus procesos de imitación creativa.*

Comentario:

La imitación creativa de una sociedad, obedece al éxito del convencimiento cultural logrado sobre la entera sociedad de parte de una minoría creadora; sin embargo, cuando esa sociedad ejerce fijaciones idolátricas y rinde culto a sus ídolos, negando la mímesis al contenido cultural producido por la minoría creadora, entonces la sociedad sucumbe ante su imaginación social y no puede desarrollarse culturalmente. Una sociedad que se guía por sus ídolos está condenada a perecer. Idolos en el proceso decadente contemporáneo son: el dinero, la fama, las ideologías, las estrellas del deporte y de la farándula, las drogas, etc..

XIX. *El deseo de unidad política de una sociedad puede llegar a desbordarse cuando alcanzan su cima los tiempos revueltos.*

Comentario:

Los tiempos revueltos se manifiestan en una sociedad, cuando se presentan problemas de convivencia que son necesarios resolver para preservar la integridad social; problemas de convivencia de una sociedad pueden ser: la injusticia social vivida por la mayoría de los miembros de una sociedad, invasión de una sociedad extraña, hambre generalizada en la población, irrespeto masivo a los derechos humanos, vulgarización de costumbres, etc.; cuando llegan a la cúspide estos problemas de convivencia, los miembros de la sociedad buscan la unidad política como medio para solucionar esos problemas, pero esta unidad política está sujeta al balance de fuerzas de los grupos en búsqueda del poder político en la sociedad; de esto se desprende que, si en la sociedad no se pueden prevenir los tiempos revueltos de los problemas de convivencia, entonces, se debe reformar políticamente la sociedad, no con ideología, sino con reformas apegadas a la vida social. Esta ley se está aplicando en el ano 2015 que escribo en algunos países árabes del Medio Oriente y de Africa, en algunos países europeos, en Estados Unidos de América, etc...

XX. *La nivelación y la uniformidad en una sociedad son señales de desintegración social.*

Comentario:

La naturaleza humana se encuentra diversificada en el planeta por las diferencias individuales, las cuales se expresan en las diferentes razas, culturas, sistemas, etnias, clanes, sociedades, etc.; socialmente, los miembros actuando como individuos se diferencian por su diversidad de género, de división de trabajo, de orientación cultural, etc.; esta diferenciación humana en la sociedad es necesaria para canalizarla en un desarrollo cultural, en el cual los miembros de la sociedad aporten lo mejor de sí mismos para intercambiarlo con los otros miembros de su sociedad y de otras sociedades; en este proceso de aportación individual de lo mejor de sí mismos en el desarrollo cultural de la sociedad, se considera que el mínimum vital está garantizado para todos los miembros de la sociedad; la nivelación y uniformidad en que el mínimum vital se cumpla para todos los miembros de la sociedad, debe ser un objetivo permanente a cumplir en la sociedad por parte de los gobernantes; la nivelación y uniformidad en otros aspectos de la vida social, conlleva a contradecir la naturaleza humana por sus diferencias individuales expresadas socialmente.

XXI. *Cuando la minoría creadora se convierte en minoría dominante, cuando la masa se retira a la adhesión y a la mímesis al proceso creador, y cuando se pierde la unidad social, entonces se da el colapso de una sociedad o de una civilización.*

Comentario:

Colapsar es dejar de funcionar, es no seguir existiendo en cuanto vida, es rompimiento de una estructura que mantenía unida una existencia; colapsar es dejar de ser; una minoría creadora se vuelve dominante en una sociedad, cuando su finalidad social es imponer su poder hegemónico sobre el resto de los miembros de la sociedad, en lugar de promover el desarrollo de la fuerza cultural que ha creado para toda la sociedad; dominar a la mayoría social sólamente porque se conoce más de todo, porque se tiene más poder, porque se tienen las armas, porque se tienen dominados a los gobernantes, porque se dispone de gran capital, etc., esto tarde o temprano conlleva al colapso social; igualmente, cuando la mayoría de los miembros de la sociedad se niegan a adherirse y a imitar el impulso cultural producido por la minoría creadora, entonces el colapso social es eminente en la sociedad; finalmente, cuando por cualquier causa interna o externa se pierde la unidad social, entonces el colapso social es la consecuencia obvia de la disfunción explosiva de la sociedad.

XXII. *Los sentidos de promiscuidad y de unidad guardan un mismo sentido social, el cual se expresa en la vulgaridad y en la barbarie en las maneras y en el arte, en una lingue franche, y en el sincretismo en la religión.*

Comentario:

El colapso o la desintegración o la idolatría o la inviabilidad o la degeneración moral de una sociedad, puede advertirse cuando reina la promiscuidad entre los miembros de la sociedad, cuando la cultura se degrada en la vulgaridad y en la barbarie, cuando se utiliza una lingua franche (mezcla de lenguas) que niega su propia lengua y cuando se concilian doctrinas religiosas sin ninguna coherencia sustancial, asumiendo un sincretismo religioso que no define el espíritu de la sociedad; una sociedad que sufre de estos severos síntomas de decadencia humana está condenada a desaparecer. Esta ley es una advertencia para algunas sociedades contemporáneas decadentes que pasan por este proceso.

XXIII. *La enfermedad que inhibe de la decadencia a los hijos es el colapso de su herencia social.*

Comentario:

Los hijos pueden construir o desarrollar un nuevo contenido cultural en la sociedad, toda vez y en cuanto ellos dispongan de una minoría creadora que produzca y les convenza de un nuevo desafío cultural; el colapso de su herencia social les libera de la enfermedad de la decadencia. Las nuevas generaciones, las juventudes de las sociedades actualmente en proceso de decadencia, deben exigir, crear, aportar, luchar y fundar minorías creadoras en sus propias sociedades, porque sólamente de esa manera podrán trabajar por nuevos desafíos culturales que les liberará de la decadencia que sufren.

XXIV._La Guerra y el militarismo son la causa más potente del colapso de una sociedad._

Comentario:

Cuando una sociedad destina sus recursos humanos y materiales para armarse y guerrear con otras sociedades, le está negando a su población el minimum vital y la inversión que en ella debe desarrollar para implementar y mejorar su nivel de vida, y de esta manera está negando a solidarisarse con otras sociedades que necesitan de su ayuda; el costo de una sociedad bélica lo pagan sus miembros sociales y las nuevas generaciones. Las actuales sociedades que disponen de armamento nuclear, constituyen una amenaza para toda la humanidad; nada justifica el disponer y el accionar de la destrucción nuclear masiva de sociedades o de toda la humanidad; tarde o temprano las sociedades bélicas nucleares o de otro tipo colapsarán, pero mientras llegue el colapso, no se sabe cuanta muerte y destrucción puedan dejar a la humanidad con sus conductas belicistas; es por ello necesario impulsar y presionar globalmente a todas las sociedades bélicas termo-nucleares y de otro tipo, la destrucción total y definitiva del armamento que disponen, porque sólamente de esa forma la humanidad podrá aspirar a una reconciliación de gobernanza mundial sin el temor de la destrucción masiva de la humanidad o de algunas poblaciones específicas.

La Guerra y el militarismo que promueve Estados Unidos de América y sus estados clientes aliados de Europa en la OTAN, para imponer su hegemonía en el planeta, es la causa más potente de su decadencia y esto conllevará al colapso como sociedades desarrolladas; en la historia de la humanidad, esta causa guerrera y militarista ha llevado al colapso a decenas de imperios y sociedades belicistas.

XXV. *Las revoluciones son violentas porque constituyen el triunfo retrazado de poderosas fuerzas sociales nuevas sobre antiguas instituciones.*

Comentario:

Esta ley explica lo que contemporáneamente (2015) está sucediendo en algunos países del Medio Oriente, de Africa, de Europa y de América; más adelante del 2015, probablemente se darán levantamientos violentos en muchas sociedades hambrientas y dominadas por las sociedades opulentas, y entonces estas sociedades hambrientas y dominadas buscarán con su lucha revolucionaria obtener el pan y la justicia social que por mucho tiempo les ha sido negada. La revolución nomocrática aspira a no ser una revolución violenta, es por ello que la juventud trabajadora del mundo tiene que fundar sus minorías creadoras dirigentes en todas las sociedades, para que con la nomocracia sustituyan las arcaicas instituciones decadentes que asfixian a la juventud trabajadora y a la humanidad en su totalidad.

XXVI. *La potencia espiritual es la que informa y gobierna al mundo.*

Comentario:

Formar, organizar y gobernar a una sociedad, se implementa a partir del élam cultural de la sociedad, y este élam se sustenta en la capacidad del ser espiritual de una minoría creadora; la potencia espiritual que informa y gobierna al mundo es el espíritu universal (Dios), quien crea y re-crea la vida en todo el universo por medio de las minorías creadoras de las sociedades del planeta.

XXVII. *Las religiones tienden a vivificar antes que a destruir el sentido de la obligación social.*

Comentario:

Los miembros de una sociedad están obligados moralmente a entregarse a su sociedad en cuanto a sus derechos y deberes correspondientes les exigen y permiten; la religión, en tanto es una doctrina moral que busca la humanización de todos los seres humanos, busca promover la práctica de la obligación moral de los miembros de una sociedad; el ateismo destruye el compromiso social de los miembros de una sociedad, mientras que la religión obliga a conciencia a cumplirlo; la religión es factualmente una garantía de auténtica libertad y respeto, la cual se enfoca, en que cada persona es un hermano o una hermana en la convivencia social.

XXVIII. *De la esclavitud nacen nuevas religiones.*

Comentario:

No quiere decir que de la libertad no nazcan nuevas religiones, sino que del sufrimiento humano de sentirse cosa poseída por otro ser humano se agita la esperanza de una respuesta liberadora que venga de un ser superior, de Dios, y a este fenómeno se le denomina religión; de la libertad nacen y renacen religiones, porque la diferencia entre un esclavo y un asalariado es tenue, y es por ello que del asalarismo también nacen nuevas religiones; del proceso decadente contemporáneo brotarán nuevas religiones que impactarán a extensas zonas de la humanidad.

XXIX. *La minoría creadora fracasa con su facultad cuando una sociedad o civilización colapsa.*

Comentario:

Sólamente pueden darse dos opciones: o el producto de la minoría creadora no era el adecuado para la sociedad receptora o la sociedad fue incapaz de desarrollar el producto de la minoría creadora; en ambas opciones, la minoría creadora fracasa en su finalidad. El colapso de una sociedad o civilización generado por el fracaso de la facultad creadora de su minoría dirigente, se debe, a que la minoría creadora fue desplazada por el poder de una minoría dominante.

XXX. *Un imperio genera un medio altamente conductor geográfica y socialmente, al imponer el orden y la uniformidad en sus dominios.*

Comentario:

El imperialismo es la degeneración de una civilización; cuando un imperio colapsa, el caos y el desorden cunden en lo que fueron sus dominios; el orden y la uniformidad del imperialismo en sus dominios, también llevan a la muerte y a la destrucción en las sociedades dominadas.

XXXI. *Los imperios son heridos de muerte por los extranjeros empleados que se vuelven contra sus propios empleadores.*

Comentario:

Un imperio responde a una estructura cultural definida, a la cual pertenecen la minoría dominante de la sociedad y los miembros de la sociedad; cuando un imperio requiere los servicios de empleados de sociedades extranjeras, ya sean amigas o enemigas, para sostener y/o preservar su status quo en sus dominios, los empleados extranjeros no responden a la estructura cultural definida por el imperio, sino que aprovechando el valor del uso imperial y conociendo las debilidades de gobernanza de la minoría dominante imperial, buscan derribar y/o alterar la estructura de poder para su propio beneficio; si no logran alcanzar su objetivo estratégico, al menos hieren de muerte al imperio que les ha contratado.

> ***XXXII.*** *El proletariado intelectual debe tener en la sociedad una salida correspondiente a sus capacidades adquiridas, porque de la exasperación de la falta de opciones válidas, este proletariado desata una fuerza impulsiva demoníaca.*

Comentario:

En el proceso educativo superior privado y público de las sociedades, la desigualdad social parece no ser relevante entre los estudiantes según sea el fin que cada uno de ellos busca encontrar profesionalmente; sin embargo, en la medida que los profesionales (intelectuales) se van incorporando laboralmente a la sociedad de acuerdo a sus capacidades adquiridas, también se va manifestando una desigualdad entre ellos y esto se debe a la desigualdad socio-económico-política; en esta desigualdad social se destacan negativamente los intelectuales proletarios, a los cuales les resulta mas difícil incorporarse profesionalmente a la sociedad; esta desigualdad social que se manifiesta en muchas sociedades en contra del proletario intelectual, genera una fuerza progresiva anti-sistema en los proletarios intelectuales, los cuales buscan reformar o destruir el sistema social por considerarlo injusto, ofreciendo y luchando por instaurar un nuevo sistema social. Las revoluciones en la historia de la humanidad son prueba de esta ley.

XXXIII. El criterio de crecimiento es el progreso hacia la autodeterminación. La diferenciación es señal de crecimiento.

Comentario:

Una sociedad comprometida con la implementación gradual del desarrollo de sus facultades y de sus recursos, se autodetermina en su crecimiento; en cuanto tal, esta sociedad se diferencia de otras sociedades por su compromiso de crecimiento.

XXXIV. La civilización produce historia.

Comentario:

Cuando en una sociedad surge una minoría creadora dirigente y logra convencer a los miembros de la sociedad seguir su proyecto creador, entonces, esta minoría creadora busca el desarrollo cultural de la sociedad y busca extender su éxito social hacia otras sociedades más allá de su entorno físico fronterizo; así es como nace, crece y se derrumba una civilización, y es por ello que esta sociedad produce historia, es decir, hereda cultura, valores, proyectos, visiones, etc. para beneficio de toda la humanidad.

XXXV. *El hombre ha llegado a la civilización como una respuesta a una incitación dada en una circunstancia de especial dificultad.*

Comentario:

Los problemas sociales comunes y tradicionales de trabajo, de subsistencia, de explotación agrícola, de gobernanza, de educación, etc., conllevan a establecer en la sociedad cierto código de costumbres protocolarias y talvez puedan generar de algún modo una semi-cultura en la sociedad; sin embargo, estos problemas no constituyen de ninguna forma una verdadera incitación para que surja en la sociedad una minoría creadora, la cual impulse el desarrollo de una cultura como respuesta a esa especial dificultad incitadora; el desarrollo de la cultura hacia la civilización, sólamente es posible cuando media el proceso de implementación cultural.

XXXVI. *El conocimiento de la naturaleza y de la sociedad está al alcance mental del hombre y ese conocimiento es poder.*

Comentario:

El conocimiento objetivo y de verdad obtenido por los científicos, determina poder, y este conocimiento está al alcance de aquellos que quieran adquirirlo educándose para trabajar científicamente; las minorías creadoras dirigentes en las sociedades, pueden ser algunos científicos que quieran convencer a sus sociedades de sus proyectos culturales para desarrollar las facultades de los miembros de esas sociedades; algunos científicos que tengan proyectos de desarrollo para las sociedades y que quieran asumir su papel como minorías creadoras, podrían ser los sustitutos de las minorías dominantes de las sociedades contemporáneas.

Capitulo III

El trabajo como la fuerza del cambio.

He planteado el problema del proceso decadente por el que atravieza la humanidad comenzando el Siglo XXI; también he expuesto y comentado las leyes históricas de 6,000 años de cultura social de la humanidad, lo cual me lleva a establecer algunas premisas fundamentales que implícitamente las incluiré en mi filosofía nomocrática; de la enseñanza histórica resalta el factor del trabajo del hombre como el determinante para cambiar las sociedades en sus procesos decadentes, y este factor quiero tratarlo preliminarmente antes de presentar mi filosofía nomocrática, la cual se sustenta dinámicamente en la dialéctica del hombre y su trabajo aportado socialmente.

1. Visión cosmobionómica de la vida existencial.

En mis estudios, investigaciones y reflexiones sobre el proceso decadente que sufre la humanidad en nuestra época, desarrollé una estructura teórica acerca de la vida universal existente, la cual considero útil para replantear un humanismo radical que lleve a los hombres a un cambio en la manera de pensar, de conocer, de trabajar y de actuar, y de esa manera, el proceso decadente que sufrimos, se revierta socialmente para el bien de toda la humanidad; a esta estructura teórica le llamo la visión cosmobionómica de la vida existencial.

La vida total o universal, es un campo unificado y equilibrado de energía tridimensional; la totalidad de la vida contiene tres dimensiones autónomas, pero dependientes entre sí; cada dimensión de la vida universal, también tiene su propio campo unificado de energía tridimensional, es decir, que cada dimensión es holística dentro del campo de la vida total. Las dimensiones de la vida universal existencial, son: la vida humana, la vida social y la vida física. Las sub-dimensiones de la vida humana son: la mental, la animal y la cultural; las sub-dimensiones de la vida social son: la familiar, la económica y la política; las sub-dimensiones de la vida física son: la vida estimúlica, la materia-energía y la extensión espacio-temporal.

La vida universal existencial con sus tres dimensiones autónomas y dependientes entre sí, se puede conocer de manera legaliforme, es decir, por medio de leyes formales que rigen la vida del universo (cosmobionómicamente hablando). Para comprender de forma legal la vida universal existencial, el hombre no dispone de más recursos instrumentales que él mismo como agente inteligente y como formando parte del conjunto tridimensional de la vida total, es decir, que el equilibrio energético del ser humano le permite inteligir, aprehender y actuar como agente comprehensor de la vida universal existente para conocerla tridimensionalmente y a cada dimensión en particular. Pero para comprender y conocer la vida como un todo y sus tres partes dimensionales, el hombre intelige y aprehende la factualidad fenoménica que le impresiona y suscita con su trabajo integral, trabajo que responde a las impresiones y suscitaciones internas y externas de la vida universal existencial, a sus necesidades intrínsecas, a su capacidad creativa y recreativa, y a su capacidad de respuesta ante los problemas expresados en la factualidad fenoménica de la vida universal; el hombre es el único animal que no sólamente tiene capacidad de conocer y de transformar la vida universal existente, sino que él conoce que conoce, es decir, tiene una inteligencia consciente.

La vida universal existente en sus tres dimensiones, no se nos muestra como ella es en sí misma, por cuanto no tenemos la capacidad para conocerla en primera instancia, ella se nos muestra como factualidad fenoménica, es decir, con hechos, cosas, fenómenos, problemas, crisis, etc., es decir, la lectura de la vida universal que afrontramos día a día no es el fiel reflejo de ella, sino que la vida universal existente se nos muestra fenoménicamente por impresión de hechos, de problemas que percibimos y aprehendemos; el trabajo humano de enfrentar esta factualidad fenoménica se traduce en oficios, profesiones, ciencia, filosofía, productos, etc.., se convierte en dinámica dialéctica del hombre ante la vida universal en todas sus formas de conocimiento y de transformación de la vida universal existente.

Lo anteriormente expuesto me condujo a la premisa esencial, que siendo el trabajo integral del ser humano la respuesta para inteligir, aprehender, conocer, vivir y transformar la vida universal existente, desde el hombre mismo, sobre la vida social y la vida física, entonces, reflexioné, habría que estudiar el trabajo integral del hombre en cuanto productor y transformador cosmobionómico de la vida universal existente, en sus tres dimensiones expresadas en la factualidad fenoménica existencial.

2. El trabajo como generador del poder económico-político en la sociedad.

La aportación de Karl Marx en sus reflexiones filosóficas de economía política sobre el trabajo del hombre en el capitalismo y en la democracia liberal, es necesaria considerarla al tratar el trabajo como generador de poder. De manera ideológica, Marx abordó la tesis del trabajo como un generador del poder total en la sociedad y en el mundo capitalista; la explotación de los capitalistas sobre los trabajadores proletarios, según Marx, genera una lucha de clases por el poder total en la sociedad, por tanto, el conflicto de clases en las sociedades capitalistas es el motor verdadero de la historia; sin embargo, al analizar la historia y el sustento filosófico marxista, el postulado marxista se desvía de la esencia del problema, al dar un atajo al no tratar al trabajo como el generador del poder total en la sociedad en cuanto a los partícipes socialmente considerados; Marx definió únicamentente como trabajadores al proletariado, y a los trabajadores empresarios y a los trabajadores independientes los marginó radicalmente, arrinconándolos dentro del concepto de burguesía, en tanto que ellos son los propietarios de los medios de producción y ellos explotan sistemáticamente al proletariado con estos medios; Marx dejó por fuera el trabajo de los empresarios y de los independientes con sus atributos de liderazgo, de iniciativa de empresa, de riesgo en pérdida de sus ahorros, etc.; obviamente, Marx se centró en que la burguesía - la propietaria de los medios de producción-, es la que explota al proletariado con el fin único de obtener ganancias y con ellas el poder total en la sociedad; pero dentro del concepto general de burguesía de Marx, se encuentran los trabajadores empresarios y los trabajadores independientes, y a su trabajo no se le puede considerar lacónicamente como burgués, por cuanto es un trabajo de liderazgo, es trabajo profesional, es trabajo independiente, es una aportación social y es un trabajo humano necesario y complementario en toda sociedad.

Lo que Marx llamó conflicto de clases, para mi no es un conflicto de clases en cuanto tal, ya que lo considero un conflicto histórico de la humanidad en torno a la pertenencia del poder económico-político entre las élites dominantes y las masas dominadas, conflicto en el cual las ideologías (incluida la marxista), han jugado un papel de usurpador sobre el trabajo de los empresarios, de los independientes y de los asalariados, siendo ellos el verdadero sustento y la base del poder económico-político en toda sociedad; quiero decir con esto, que si analizamos los últimos 6,000 años estudiados de cultura social de la humanidad, encontraremos que en todo este recorrido las élites dominantes siempre han utilizado cualquier tipo de ideología para explotar, manipular y dominar a todos los trabajadores de las sociedades. La respuesta como reclamo al poder usurpado por las élites dominates capitalistas sobre los trabajadores proletarios, no consiste en la destrucción revolucionaria de la burguesía por parte del proletariado, en tanto consecuencia lógica del conflicto de clases en la historia, por cuanto esta acción revolucionaria es una usurpación más que no resuelve el problema de la pertenencia del poder económico-político de todos los trabajadores de cada sociedad; el comunismo materializado como socialismo real, ha sido un fracaso comprobado históricamente, desde la revolución bolchevique soviética hasta los poderes comunistas existentes contemporáneamente.

Finalmente y dada la importancia del estudio sobre el trabajo que Marx nos legó, quiero puntualizar sobre su concepción dos proposiciones críticas, las cuales son:

a) Una de las hipótesis de Marx sobre la manera de pensar del mundo moderno capitalista se fundamenta en su observación analítica, la cual consiste, en que las ideas dominantes en todas las áreas del pensamiento son distorsiones, falsificaciones de la realidad, por cuanto que estas ideas no reflejan en modo alguno a la realidad como es actualmente en la sociedad, sino que aparecen funcionando según el punto de vista de la élite dominante.

b) Según Marx, la única forma para cambiar el mundo es destruyendo su fundación económica capitalista; sin embargo, la teoría de la historia de Marx pierde de este modo su reclamo de verdad, en tanto no resuelve el problema del trabajo en la sociedad y es revelada como una ideología sin más, es decir, que es una teoría que niega que exista una verdad objetiva y sin embargo, reclama que toda afirmación deberá ser considerada como verdad si la gente cree en ello y si ello funciona en la práctica (la lucha del proletariado), es como decir que el fin justifica los medios.

3. El poder de las leyes de los trabajadores.

Básicamente, el mundo contemporáneo muestra un solo modo de producción económico y otros mixtos que circulan en torno a él, se trata del capitalismo y de sus variables parroquiales. En este esquema económico-ideológico que enfoca el trabajo del hombre como una mercancía, se insertan diversos modelos políticos que giran en torno del capitalismo como único referente económico, matizándolo con los estilos específicos de los poderes políticos de esos modelos; ahora bien, independientemente que se siga el modelo capitalista como modo de producción en cualquier comunidad política, el trabajador empresario o propietario, el trabajador independiente y el trabajador asalariado o proletario, son los que producen el verdadero poder económico en la sociedad y en consecuencia, corresponde al trabajador empresario, al trabajador independiente y al trabajador asalariado, administrar el poder político en tanto regulador ético de la sociedad a la cual pertenecen; en cuanto tal, es un derecho de los trabajadores empresarios, de los trabajadores independientes y de los trabajadores asalariados, producir las leyes (por medio de sus representantes) con las cuales quieran ser gobernados en la sociedad; leyes con las cuales ellos regulen éticamente la total sociedad; leyes con las que puedan vivir en paz y armonía entre ellos mismos y con todos los trabajadores del mundo; leyes con las que puedan transformar para el bien común la vida social; leyes con las cuales puedan luchar en contra de la decadencia, etc.; de allí el término de ***nomocracia, el cual significa: el poder económico-político de las leyes de los trabajadores de la sociedad***.

Expuesto el planteamiento básico de mi punto de vista, me corresponde presentar a continuación los fundamentos de la filosofía nomocrática.

Capítulo IV

La filosofía nomocrática.

1.   **Visión de la vida universal existente.**

1.1. **El hombre y la vida universal existente.**

La historia de la cultura social de la humanidad, es la historia de las respuestas que los hombres han producido con su trabajo ante las incitaciones medio-ambientales que han enfrentado ante la factualidad fenoménica suscitante e impresiva de sus respectivas sociedades; estas respuestas han moldeado ciertos tipos de conductas que distinguen a unos pueblos de otros; sin embargo, pese a que las culturas se arraigan en las vidas colectivas de las sociedades, las ideologías han embriagado el acervo cultural de las sociedades, han arrinconado a las culturas a ser identidades prisioneras de costumbres, de lenguajes y de fijaciones geopolíticas, pese a que la tendencia actual se orienta al intercambio y al enriquecimiento solidario de las culturas para beneficio de toda la humanidad; para rescatar a las culturas en su riqueza espiritual, se vuelve necesario contrarrestar el lavado de cerebro que las ideologías ejecutan sobre todos los hombres de todas las sociedades del planeta, por cuanto la ideología es pura fantasía, es una forma a-crítica de la vida, es un engaño, es una ilusión.

La cultura de la vida universal en cuanto cultura del ser, actuando como el sustituto de la ideología practicante en nuestra contemporaneidad, es el nacimiento de una nueva cultura de un humanismo radical fundado, el cual expresa una cultura que acepta el enfrentamiento ante la vida universal existencial para conocerla y transformarla para el bien de la humanidad. La cultura consiste en la superación de los obstáculos materiales, en tanto que el trabajo del hombre responda a las suscitaciones e impresiones que son espirituales antes que materiales, sin descuidar el sustento material necesario para la vida; sin embargo, a qué tipo de vida está orientada esta cultura, qué es la vida universal existencial, cómo nos enfrentamos a esa vida existencial, cómo la conocemos y en qué medida afirmamos que estamos dentro de ella y ante ella, y que la podemos transformar para bien de la humanidad.

La vida universal existente se nos manifiesta factual y fenoménicamente como humana, social y física; la vida universal la descubre, la aprehende y la conoce el hombre en sentido holístico (con su animalidad, su mentalidad y su culturabilidad), como holística es la vida universal existencial que él intelige; la vida universal no se le expresa al hombre de forma directa, a excepción de su propia vida consciente, la vida universal existente se desenvuelve en el tiempo y el espacio juntos a través de la factualidad fenoménica, es decir, como factotums (hechos, cosas, datos, noticias) de fenómenos complejos y variados, y cuya lectura el hombre puede descifrar en principio de forma cultural (a partir de la herencia, historia, educación, conocimientos, valores) y animalmente (usando los sentidos o el sentir); pero para que el hombre puede inteligir (función de la inteligencia) la vida universal más allá de la asumición cultural y del uso del sentir, el hombre necesita ejercitar y orientar su mente para captar lo que hay detrás de la factualidad fenoménica, es decir, debe intencionarse para aprehender y alcanzar la objetividad del conocimiento, el cual estriba en la captación de las leyes que rigen el universo. Los términos de inteligencia y mente aquí expresados, tienen una acepción precisa que es necesario aclarar: por mente defino a una de las tres sub-dimensiones de la vida humana (las otras dos son la animalidad y la culturabilidad), la cual es la capacidad del ser humano para conducirse equilibrando su animalidad y su culturabilidad en sus acciones vitales ante la vida universal existencial; la mente es la fuente de la razón (el pensar) y de la inteligencia (el inteligir), pero la mente no sólamente piensa e intelige, conduce al todo individual a la búsqueda del conocimiento objetivo, orienta las acciones racionalmente, busca y obtiene fines por medio del carácter cognitivo, conecta al individuo al ethos social y a la vida física; la mente produce y recibe pasiones, emociones y sensaciones; en cuanto tal, la sub-dimensión mental de la vida humana, es la que busca conocer objetivamente la vida universal más allá de lo que percibe en la factualidad fenoménica que aprehende holísticamente, no como inteligencia sentiente, ni como inteligencia pura, ni como inteligencia virtual, sino como un proceso mental de dialéctica y síntesis holística de la totalidad humana ante la vida universal existente.

El hombre actúa en la vida según como le impresione y le suscite la factualidad fenoménica que siente, que piensa, que intelige, que le apasiona, que vive; pero también la factualidad fenoménica se le muestra al ser humano como lectura de como él percibe, concibe y conoce la vida universal (herencia cognitiva) previamente; la vida universal existente no se presenta ante el hombre tal como ella es en sí misma, en tanto que la vida universal se vuelve verdad en el hombre, en el momentum en que la mente dispone de la vida universal como suya y presente, es decir, conociendo sus leyes. La razón y la inteligencia son las herramientas estratégicas necesarias para que la mente sintetice las versiones del conocer de su animalidad y de su culturabilidad, en este sentido, el razonar y el inteligir como acción herramental, no conducen por sí mismas a conocer objetivamente la realidad universal, en tanto que el hombre no es sólamente una mente en sí (el homo sapiens), tampoco es sólamente un animal evolucionado en sí, tampoco es sólamente un ente cultural en sí, el hombre es una unidad equilibrada compuesta por su animalidad, su mentalidad y su culturabilidad.

Parece ser que me estoy saliendo del objetivo de mi trabajo, pero creo necesario explicar los conceptos con los cuales he estructurado mi análisis filosófico para darle sentido a mi exposición.

Si apreciamos una postura práctica allende al pensamiento filosófico sobre la mente y la vida universal existencial, en cuanto al conocimiento objetivo de la vida universal, conviene enfocar esa postura en términos de aprendizaje, de interpretación, de fijación dinámica y de transformación de la vida universal; este proceso obedece a que la mente humana funciona por el interés práctico de lo que quiere conocer, es decir, que sólamente la información y la educación que usamos como útil en la vida por medio de nuestro trabajo y nuestras acciones, la mente las guarda y las dispone para el uso diario de forma práctica; en este sentido, el mentalizar conscientemente la vida universal existente, es una reacción y un encuentro ante la impresión y la suscitación diaria de la factualidad fenoménica de la vida universal, por cuanto la mente integra el conocimiento producido por medio de un proceso de síntesis, analogía y deducción;

este proceso de mentalizar la vida universal conocida, por medio de la factualidad fenoménica al ponerla a trabajar contínuamente, genera una actitud de transformación y de desarrollo de parte del hombre que conoce, por cuanto el conocimiento objetivo producido sobre la vida universal y estimado como útil, se puede aplicar para resolver problemas específicos encontrados diariamente en la factualidad fenoménica en tanto suscitaciones e impresiones.

1.2. Concepto cosmobionómico de la vida.

1.2.1. Concepto medular.

El conocimiento de la vida universal existente en el hombre es de índole legaliforme, es decir, la vida universal se puede conocer por medio de las leyes que rigen la vida en el universo, por cuanto el hombre puede investigar, encontrar, conocer y manejar las leyes que rigen la vida en el universo existente; la legaliformidad de la vida universal cognitivamente en el hombre, la explico con mi teoría cosmobionómica (del griego, *cosmos: universo, bíos: vida y nomos: ley)*; esta teoría de la vida universal existencial se funda en la concepción, en que la vida universal se puede conocer en función de las leyes que rigen la vida del universo y en tanto la multiplicidad del universo presupone la unidad equilibrante de la vida total, la cual tiene como base y centro al hombre como conceptualizador y conocedor de la vida universal existente; por otra parte, debido a la necesidad que el hombre tiene por conocer, vivir y transformar la vida universal existencial de forma legaliforme, esta necesidad se convierte en la aprehensión de la vida universal como vida total. A partir de esta unificación de conceptos, la vida universal se le muestra al hombre como un gran campo unificado de energía trideimensional; este campo equilibrado que se expresa como vida total, está presente en sus tres dimensiones dependientes e interdependientes entre sí, las cuales son: la vida humana, la vida social y la vida física; cada dimensión de la vida total se constituye en su propio campo unificado de energía tridimensional, funcionando autónomamente en su internidad y cooperando en el equilibrio total de forma dependiente a su estructura externa con el campo unificado universal.

En tanto que existe un equilibrio energético en un campo unificado tridimensional universal y siendo que este equilibrio se sostiene en una estructura de campos unificados equilibrados, quiere decir entonces, que tanto la estructura total como las estructuras dimensionales responden a un conjunto de leyes vitales para que el equilibrio se sostenga como tal; ahora bien, si la vida total es impresiva y suscitante en el hombre por medio de la factualidad fenoménica, se puede inferir entonces, que el ser humano puede conocer y hacer suyas las leyes de la vida universal, es decir, puede conocer, dominar y transformar la vida universal de manera legaliforme, este es el quid de mi teoría cosmobionómica.

1.2.2. La vida humana.

Es a partir del ser humano que surge la explicación cosmobionómica de la vida universal existencial, por cuanto el hombre forma parte integral de la vida total; dentro de esta concepción, el hombre representa un campo unificado de energía tridimensional, el cual se muestra con una multiplicidad de funciones que obedecen a una unidad comprensible de leyes estructurales; estas leyes determinan un equilibrio que permite al hombre actuar íntegramente con sus tres sub-dimensiones estructurales de manera relacionante y dependiente con las otras dos dimensiones de la vida total: la vida social y la vida física.

Las tres sub-dimensiones equilibrantes del ser humano son: la animal, la mental y la cultural, cada sub-dimensión tiene su propia función interna y externa con una autonomía relativa al todo humano, pero dependiente al todo universal; sin embargo, las tres sub-dimensiones son interdependientes entre sí, a consecuencia de las leyes del equilibrio energético que las separa y las junta a la misma vez; estas leyes del equilibrio energético permiten al hombre actuar como una vida unitiva independiente y dependiente a la vez; la individualidad en tanto personalidad única independiente y dependiente de los otros individuos, de la sociedad y del mundo físico en tanto campo unificado universal, es parte de la vida universal funcionando con sus sub-dimensiones. En tanto la vida humana es un equilibrio de energía, cualquier efecto que impresione a una sub-dimensión humana afectará a las otras dos sub-dimensiones del hombre, es decir, que afectará a todo el campo unificado humano; de igual manera, cualquier efecto expresivo de alguna de las sub-dimensiones de la vida humana en la vida social o en la vida física, estará participando todo el hombre como conjunto unitario relacionante con la vida universal existente.

Para que la vida humana pueda mantener su balance o su equilibrio energético en tanto campo unificado trisubdimensional (animal, mental y cultural), es necesario que el hombre busque mantener su tríada integral en balance ante el equilibrio energético, con las dos dimensiones estructurales de la vida universal: la vida social y la vida física.

1.2.3. La vida social.

La necesidad del hombre de producir, distribuir y consumir bienes y servicios para sostener su existencia y desarrollarse, le condiciona en principio a fundar una familia, en tanto que el hombre antes de ser social es un ser sexual; esta necesidad existencial le obliga a participar, a convivir, a intercambiar su vida con otros seres humanos por medio de relaciones de amistad, de trabajo, de estudio, de poder, etc.; estas relaciones se institucionalizan en una comunidad de personas y se le conoce con el nombre de sociedad.

La sociedad es una vida de conjunto, la cual tiene sus propias leyes estructurales y está comprendida dentro de la vida universal con su propio campo de energía equilibrado; la familia es el núcleo central de la vida humana inmersa en la vida social; el intercambio del trabajo y sus productos colaterales expresan la sub-dimensión económica de la sociedad; en la medida en que las familias conviven por medio del trabajo como factor de cohesión existencial, ellas producen instituciones que necesitan ser coordinadas para regir y regular la convivencia de todos los miembros de la sociedad; esta coordinación es el gobierno necesario para producir e implementar las leyes que materialicen el bien común de los miembros de la sociedad, en esto consiste la sub-dimensión política de la sociedad.

De lo anteriormente expuesto, se desprende, que las tres sub-dimensiones equilibrantes de la vida social son: la familiar, la económica y la política; estas tres sub-dimensiones abarcan un campo unificado de energía trisubdimensional, el cual se expresa por medio de un conjunto de leyes equilibradas; la dimensión de la realidad social es autónoma en su tríada integral e interdependiente con las otras dimensiones: la humana y la física.

1.2.4. La vida física.

La vida física es todo aquello existente en el universo, lo cual no es la vida humana, ni la vida social; esto no implica que la vida física sea un residuo conceptual de la vida universal existencial, por cuanto la vida física tiene su propio campo unificado de energía trisubdimensional; las sub-dimensiones de la vida física son: la vida estimúlica (la vida animal no humana y la vida vegetal que existe obedeciendo a los estímulos de su entorno), la materia-energía (dos momentos de una sola identidad integrada: vida dinámica) y la extensión espacio-temporal (donde los seres se ubican y se mueven según sus leyes físicas de existencia); cada sub-dimensión física funciona con su propia autonomía en interdependencia con las dimensiones humana y social, porque el universo es indivisible y sólamente podemos describirlo en su función impresiva y suscitante como factualidad fenoménica ante nuestra mente.

La vida física genera una impresión determinante sobre la vida humana y sobre la vida social, en tanto que a ambos tipos de vida les suministra el habital vital y su sostenimiento existencial en el universo; de igual manera, la vida humana y la vida social le imprimen ciertos cambios de habitat y de existencia a la vida física, en cuanto a las transformaciones o consumos derivados por la presencia humana en la vida física; con la función de la vida humana en el proceso de reproducción, mantenimiento y de socialización, la vida física se acopla existencialmente al gran campo unificado de energía equilibrada tridimensional de la vida universal existente.

Los principios básicos de la teoría cosmobionómica expuestos anteriormente, ofrecen una herramienta práctica para entender la vida universal existencial de forma coherente y de manera legaliforme, es decir, que la vida universal la podemos conocer conforme a un orden estructural que puede ser explicado con leyes, leyes que el hombre descubre con su estrategia científica aplicada y que debe obedecerlas para mantener su propio equilibrio energético, el de la vida social y el de la vida física.

2. El trabajo como generador del poder económico-político.

2.1. El trabajo como producción y transformación humana.

El trabajo es una acción constante por parte del hombre, por el trabajo el ser humano se desarrolla socialmente y transforma de esta manera la vida humana, la vida social y la vida física; en cuanto tal, es necesario analizar lo que el trabajo representa en la vida humana y las posibilidades que al hombre se le abren con la producción y transformación de su trabajo, es decir, es una exigencia responder porqué el trabajo como producción humana conduce hacia la culturación de la vida social y de la vida fisica; analicemos las premisas siguientes:

a) El hombre es capaz de conocer y de transformar la vida de él mismo, de su entorno social y de su vida física.

b) La vida universal tiene dos niveles de existencia: el de una concepción mental en el hombre en tanto impresividad y suscitación, y el físico-social en el mundo sensible.

c) La vida universal existencial la naturaliza el hombre, es decir, la internaliza integrando a la vida social y a la vida fisica su existencia vital.

d) El ser humano porta fines en sí mismo y está conectado a fines dentro de la sociedad y de la vida física.

e)   El desarrollo histórico del hombre en la sociedad y en el mundo físico, lo va obteniendo el hombre mediante su trabajo integral.

Las premisas expuestas las explico de la manera siguiente:

a) *El hombre es capaz de conocer y de transformar la vida de él mismo, de su entorno social y de su vida física.*

La vida universal existencial se comprende como la formalidad legal de la vida total; lo viviente está por encima de la existencia en cuanto tal, porque hay cosas que pueden existir pero que no tienen vida; sin embargo, la vida tiene un código definido de ser, la vida es objetiva.

El hombre, en tanto es vida expresada como un campo unificado, es una dimensión integrante del gran campo unificado de la vida universal, así como también lo son la sociedad y el mundo físico por ser vivos. El hombre en cuanto es vida, puede ser conocido por sí mismo; este conocimiento le es posible al hombre utilizando la estructura legal de su campo unificado para descodificarse explicativamente por medio de su trabajo; sin embargo, el trabajo siendo una acción individual, sólamente es transformativo mediante la materializacion social, es decir, con el trabajo de todos los miembros de la sociedad; porque si el trabajo no estuviera orientado hacia la vida social y por consecuencia a la vida física, entonces, cuál sería el objetivo transformativo del hombre con su trabajo.

En la medida que el hombre puede conocer su propia vida, a la sociedad y al mundo físico mediante su trabajo, también puede transformar estas tres dimensiones de la vida universal existente. El descubrimiento de la vida universal por medio del conocimiento (base y resultado del trabajo cientifico de conocer leyes), se obtiene fundamentalmente por la vía de las formas que construimos por la impresión y suscitación de la factualidad fenoménica, por cuanto el hombre no es capaz de conocer la vida universal por simplicidad; por tanto, el hombre necesita de su trabajo y del trabajo de los demás miembros de la sociedad para conocer la vida universal y de esta manera transformar la vida universal para su beneficio, respetando el balance de la totalidad universal.

b) *La vida universal tiene dos niveles de existencia: el de una concepción mental en el hombre en tanto impresividad y suscitación, y el físico-social en el mundo sensible.*

La vida universal existe y es una en el sentido más simple de identidad primigenia; pero la vida universal existente se determina en dos niveles de comprensión: como impresiva y suscitante en el hombre por medio de la factualidad fenoménica y como transformación laboral del hombre en la sociedad y en el mundo fisico. Al explicar de manera formal la vida universal, estamos en el nivel de concepción; este nivel formal sirve para comunicarse entre los humanos por diversos medios y para elaborar supuestos de la vida física y la vida social que no se conocen; el nivel físico de la vida universal, sólamente es comprensible por el hombre mediante el conocimiento legal del gran campo unificado de la vida universal por medio de la factualidad fenoménica, la cual le impresiona y le suscita respuestas diversas en su diario vivir.

c) La realidad universal la naturaliza el hombre, es decir, la internaliza integrando a la vida social y a la vida física su existencia vital.

La vida universal supera la mera existencia del ser, en tanto que la vida universal existencial pervive por sí misma y la existencia per se del ser, depende de causas que le den sustento en cuanto tal; cuando se llega a la verdad, la cual es el conocimiento objetivo de las leyes que rigen el universo, entonces nos damos cuenta que esa vida universal es nuestra y somos parte de ella, porque es la verdad pura y consecuente; esto se debe en principio, a que sin el dominio del conocimiento de las leyes de la vida universal, no podemos desarrollar nuestras facultades, es decir, no podemos ser hombres que hacemos nuestra historia con nuestro trabajo, porque ciertamente somos procesos como especie y somos procesos en cuanto sumas de procesos psico-socio-físicos; sin embargo, esta instancia procesal exige el encarnamiento con la vida universal existente, en tanto que la vida universal debe ser transformada por medio del trabajo para el beneficio equilibrado del ser humano, de la sociedad y del mundo físico; este enfrentamiento integral ante la vida universal llena el vacío histórico que el hombre lleva en sí mismo como individualidad pasiva; pero el hombre no sólamente tiene un carácter individual, es hombre en cuanto ocupa un espacio social y se mueve, y trabaja en ese espacio social, lo cual es determinante para el propio individuo y para los otros miembros sociales; el hombre se integra o es integrado a la vida social por medio de la familia como núcleo social; el desarrollo de las facultades del hombre implica el ejercicio de su trabajo con, en y siempre con su status familiar, aún por muy solo que el ser humano pueda sentirse socialmente; el campo unificado de su integridad como una dimensión de la vida total le condiciona al hombre a socializarse; de igual manera, el hombre se constituye como integrado al mundo sensible, porque sin la participación de su vida en la vida física, el ser humano no tiene posibilidades de existir y de vivir como tal.

d) El ser humano porta fines en sí mismo y está conectado a finalidades dentro de la sociedad y la vida física.

El hombre es un ser de finalidades; su vida, desde su nacimiento hasta su muerte, está preñada de fines por y para buscar la subsistencia, el desarollo de sus facultades y su felicidad; este es un hecho comprobable por diversos medios del conocimiento científico; en tanto y en cuanto el hombre ejecuta sus finalidades en el transcurso de su historia, en este sentido se convierte en una descodificación de sí mismo, tal es la duración de su campo unificado que explica la concreción de sus fines individuales y sociales en su historia; el hombre escoge las finalidades a las cuales tiene las posibilidades de alcanzar con su trabajo, con el apoyo de su familia y con el soporte social del poder económico-político. Las finalidades ejecutadas por el hombre en la sociedad, están en función directa y refleja en la vida física; en principio, porque ya la sociedad es parte dimensional del gran campo unificado de la vida universal existente, y en consecuencia, porque la sociedad funciona como la catalizadora de finalidades entre el hombre y la vida física; en tal sentido se puede afirmar, que somos ciudadanos del mundo (la gran sociedad humana), en tanto desciframos nuestro carácter socio-físico y no que la vida social y la vida física dictan al hombre lo que puede o no ser en tanto especie humana.

e) El desarrollo histórico del hombre en la sociedad y en el mundo físico, lo va obteniendo por medio de su trabajo integral.

Es por medio de su trabajo de como el hombre produce la cultura; el desarrollo del hombre en la historia es eminentemente social; si el trabajo como producto define la obra cultural del hombre, entonces el trabajo es el eje central de la vida social del hombre, tal es el mensaje que dicta la historia humana; el trabajo humano traduce el equilibrio energético de la vida humana en un descubrimiento de lo que es el hombre ante la sociedad y ante la vida física, es decir, el proceso del trabajo conlleva a otro proceso de desarrrollo: el de descubrirnos quienes somos, porqué somos así y cómo queremos ser; sobre este particular es necesario definir la relación hombre-trabajo, en el sentido que el hombre no vive para el trabajo, sino que el trabajo lo ejercita el hombre para conseguir sus finalidades; en cuanto tal, el hombre vive para amar y para ser felíz con sus finalidades ejerciendo su trabajo en la sociedad y en el mundo fisico.

De las premisas expuestas, puedo inferir, que el conocimiento de la vida universal existencial, el hombre lo desarrolla por medio de su trabajo ordenado a ese fin: investigar y descubrir las leyes que rigen la vida en el universo; el sostén de ese orden cognitivo sobre la vida universal está fundado en las leyes estructurales existentes de la vida universal, lo cual el hombre puede conocer y hacer para sí incorporándolas en su vida y practicándolas con su trabajo; por tanto, el trabajo del hombre traduce y produce conocimiento de la vida universal existente; en cuanto tal, todo conocimiento es poder que se puede enriquecer y transmitir a la humanidad por medio de la cultura.

2.2. El trabajo como fuente de poder económico-político en la sociedad.

En tanto la vida social constituye un campo de energía tridimensional, esta vida contiene una estructura propia y particular, en la cual se encuentran integradas las dimensiones familiar, económica y política; el pegamento de la asociación humana no está fundado en un pacto de individuos, mucho menos se sostiene en un imperativo aglutinante de personas o de asociación pactada (contrato social), o en una cadena de hechos históricos acontecidos a algunas comunidades o pueblos para constituirse como sociedades; al campo unificado de energía tridimensional, al cual le denomino vida social, está sostenido en el fundamento histórico cementante que es el trabajo de los hombres; porque el hombre trabaja en principio para cubrir sus necesidades existenciales y para desarrollar sus facultades, y en esta búsqueda de abastos no se encuentra solo, es un ente sexual que pertenece a una familia y es un agente sexual antes de ser social, pero la familia busca abastos y conexión con otras familias por medio del trabajo, y esto implica asociación interdependiente de trabajos de todos los miembros, es decir, la sociedad se debe al trabajo de las familias con el cual producen cultura, bienes, servicios, conocimiento, ciencia, etc., y este trabajo aportado constituye un poder en la sociedad; en este sentido, los miembros familiares que trabajan, pueden ser empresarios, asalariados que trabajan con el empresario o pueden ser trabajadores independientes, siendo todo este tipo de trabajadores los depositarios del poder económico-político en la sociedad.

El trabajo socialmente considerado, es decir, todos o la mayoría de miembros de la sociedad que trabajan, posibilitan la dinámica económica de la sociedad, tanto en bienes como en capacidad laboral; en cuanto tal, el trabajo social implica, promueve y sustenta el poder económico de la sociedad; porque es por medio del trabajo como el hombre se dignifica, se cultiva y se transforma, y a la vez transforma la vida social y la vida física; pero sucede, que en la sociedad económicamente considerada en nuestra época, el trabajo de los asalariados, el trabajo de los empresarios y el trabajo de los independientes, no suele ser retribuido económica y políticamente con justicia y equidad (la historia moderna de los cracs financieros una vez más lo atestigua) en los modos de producción establecidos en las sociedades, lo cual ha generado y genera conflictos violentos que no resuelven el problema; en esta dimensión económica de la sociedad, histórica y contemporáneamente, el poder político no obedece a la voluntad y a la decisión de los trabajadores empresarios, de los trabajadores asalariados y de los trabajadores independientes, sino que responde al poder de una minoría dominante económica ajena al poder del trabajo de los miembros de la sociedad; en cuanto tal, el poder económico de la sociedad necesita ser regulado éticamente por el poder político, con el fin de que la sociedad funcione como un campo unificado de energía equilibrante; este poder político no debe ser manejado ideológicamente, en cuanto que corresponde a los trabajadores empresarios, a los trabajadores asalariados y a los trabajadores independientes elegir libremente a sus representantes, para que éstos produzcan las leyes con la cual la completa sociedad deba de regirse; en este sentido, serán los trabajadores representantes en el poder político quienes regulen éticamente el poder económico y la completa sociedad.

Siendo que el trabajo es objetivo, en cuanto que es la transformación del hombre sobre la vida humana, la vida social y la vida física en tanto técnica aplicada, y el trabajo es subjetivo, en cuanto que el trabajo responde a la dignificación de la persona humana, el trabajo determina a que los trabajadores asalariados, los trabajadores empresarios y los trabajadores independientes sean los que dispongan del poder económico-político sobre la entera sociedad; este poder económico-político emanado del trabajo de todos los miembros de la sociedad, debe expresarse en acuerdos de convivencia racionales de protección y promoción de los derechos humanos para todos los miembros de la sociedad, trabajen o no trabajen, en tanto que estos acuerdos sean las leyes para todos los miembros de la sociedad, las cuales deban ser cumplidas por todos los miembros de la sociedad para que la vida social funcione como debe ser. En la medida en que los trabajadores empresarios, los trabajadores proletarios y los trabajadores independientes decidan gobernarse por sí mismos por medio de sus representantes, en esa medida la clase política ideológica tradicional no tiene, ni puede justificar con ninguna razón de seguir existiendo y operando, es decir, su funcion como parásito social se encuentra finita.

Porqué razón la exigencia primordial de la vida social define que son los trabajadores empresarios, los trabajadores asalariados y los trabajadores independientes los que deben gobernar a la sociedad y no la nobleza, la casta militar, el partido comunista, el funcionario elegido en la democracia, los ciudadanos, la burguesía, el poder religioso, etc.; la respuesta se encuentra definida en el trabajo ejecutado diariamente por hombres y mujeres (incluidos en algunas sociedades los niños y los ancianos) en todas las sociedades del planeta, y es por su trabajo por el cual corresponde a los trabajadores gobernarse por sí mismos en sus relaciones económico-políticas; si el trabajo es considerado como un derecho y un deber social, resulta obvio que los trabajadores empresarios, los trabajadores asalariados y los trabajdores independientes tienen el legítimo derecho de decidir el destino de la sociedad a la cual sostienen, protegen y le dan vida con sus esfuerzos laborales.

Ante las vociferantes protestas que puedan expresar algunos ideólogos contemporáneos, tales como demócratas, comunistas, socialistas, fascistas, etc., en contra de que el trabajo constituye la base y la fuente del poder económico-político en la sociedad, es conveniente precisar, que la nomocracia sostiene, que el poder no se fundamenta en el pueblo como una suma de personas, por cuanto que el pueblo no tiene ni dispone en forma alguna expresiones de poder por sí mismo, sino lo que expresa el pueblo en su dinámica social son relaciones de poder dependientes extrictamente del trabajo de los miembros como expresión económica, la cual necesita ser regulada éticamente por los mismos trabajadores, con el fin de ejercer la justicia social, la equidad y el bien común para todos los miembros de la sociedad.

3. El trabajo según la óptica cristiana.

Presento un análisis cualitativo sobre el trabajo del hombre según la visión cristiana; esto no significa en modo alguno que la nomocracia responda a un determinado confesionismo religioso, en tanto que en el espíritu humanista de la nomocracia deberán coexistir no sólamente diversas culturas, lenguas, tradiciones, sino también diversos credos religiosos sin caer en teocracias sin sentido; por tanto, no se debe erradicar a Dios de la conciencia de los hombres que creen en El, porque nada puede reemplazar a la religión como el fermento y moderadora de las buenas costumbres y de la espiritualidad del ser humano.

La teoría del trabajo según el cristianismo, expresada por la Iglesia Católica, se debe, a que todo lo estudiado acerca del trabajo del hombre contiene un cuerpo filosófico coherente, observaciones sobre la experiencia milenaria del ser humano y una explicación básica del trabajo del hombre con la vida humana, con la vida social y con la vida física. Por otra parte, el cristianismo no sólamente es una religión, sino también es una cultura, la cual históricamente ha dejado su huella en los cimientos de la estructura y de la organización de las sociedades Occidentales, y con una fuerte influencia en otras regiones del globo; pero como una cultura no se puede fundar ni desarrollar sin la acción económica y política del ser humano viviendo en sociedad, es por esta razón que considero pertinente incluir como fundamento nomocrático la versión cristiana acerca del trabajo del hombre.

Por otra parte, también hago uso de la filosofía de los trabajadores según la visión cristiana, por ser un referente objetivo que trata sobre los trabajadores empresarios o propietarios, los trabajadores proletarios o asalariados y los trabajadores independientes. Lo que expondré a continuación, está extraído de mi publicación: ***"Manual de Consulta de la Doctrina Social de la Iglesia".*** Ediciones Paulinas, México. 1997.

3.1. Qué es el trabajo.

3.1.1. Es una expresión humana.

"El trabajo no debe de ser considerado como una mercancía, sino que es la expresión de la persona humana. Pues para los trabajadores, el trabajo es la única fuente de remuneración; remuneración que no puede ser abandonada al libre juego de las leyes del mercado, sino que deber ser determinada, según las leyes de la justicia y de la equidad. Cuando el hombre aplica su habilidad intelectual y sus fuerzas corporales a preocuparse los bienes de la naturaleza, por este mismo hecho se adjudica a sí aquella parte de la naturaleza corpórea que él mismo cultivó, en la que la persona dejó impresa una a modo de huella, de modo que sea absolutamente justo que use de esa parte como suya y que de ningún modo sea lícito que venga nadie a violar ese derecho de él mismo". (Rerum novarum, No. 9)

3.1.2. Es recreador.

"Si algunas veces puede reinar una mística exagerada del trabajo, no será menos cierto que el trabajo ha sido querido y bendecido por Dios. Creado a imagen suya, "el hombre debe cooperar con el Creador en la perfección de la creación y

marcar, a su vez, la tierra con el carácter espiritual que él mismo ha recibido". Dios, que ha dotado al hombre de inteligencia, le ha dado también el modo de acabar de alguna manera su obra: ya sea el artista o artesano, patrono, obrero o campesino, todo trabajador es un creador. Aplicándose a una materia, que se le resiste, el trabajador le imprime un sello, mientras que él adquiere tenacidad, ingenio y espíritu de invención. Más aún, viviendo en común, participando de una misma esperanza, de un sufrimiento, de una ambición y de una alegría, el trabajo une voluntades, aproxima los espíritus y funde los corazones; al realizarlo los hombres descubren que son hermanos". (Populorum progressio, No. 27)

3.1.3. En su origen natural.

"El deber y su correlativo derecho al trabajo se ha impuesto y se ha concedido al individuo primordialmente por la naturaleza, y no ya por la sociedad, como si el hombre no fuera sino un simple siervo o funcionario de la comunidad. De donde se deriva que el deber y el derecho de organizar el trabajo del pueblo pertenece ante todo a los inmediatamente interesados: patrones y obreros. Si estos no cumplen con su deber o no lo pueden cumplir por especiales circunstancias extraordinarias, corresponde entonces al Estado, como deber suyo, el intervenir en el campo, en la división y en la distribución del trabajo, según la forma y medida que requiera el bien común rectamente entendido". (Radiomensaje Pío XII, No. 18)

3.1.4. Como riqueza social.

"No hay nadie que desconozca que los pueblos no han labrado su fortuna, ni han subido desde la pobreza y penuria a la cumbre de la riqueza, sino por medio del inmenso trabajo acumulado por todos los ciudadanos.

En el dominio así como en el trabajo, principalmente cuando se trate del trabajo contratado, claro es que debe considerarse además el aspecto personal e individual, el aspecto social; porque la actividad humana no puede producir sus frutos, si no queda en pie un cuerpo verdaderamente social y organizado, si el orden jurídico y social no garantizan el trabajo, si las diferentes profesiones, dependientes unas de otras, no se conciertan entre sí y complementan mutuamente, lo que es más importante, si no se asocian y se funden como en una unidad la inteligencia, el capital y el trabajo". (Qadragésimo anno, No. 48)

3.1.5. Como una retribución justa.

"La retribución del trabajo, como no se puede abandonar enteramente a la ley del mercado, así como tampoco se puede fijar arbitrariamente; sino que ha de determinarse conforme a justicia y equidad. Esto exige que a los trabajadores les corresponda una retribución tal, que les permita un nivel de vida verdaderamente humano y hacer frente con dignidad a sus responsabilidades familiares; pero exige además, que al determinar la retribución se mire a su efectiva aportación a la producción y a las condiciones económicas de la empresa; a las exigencias del bien común de las respectivas comunidades políticas, particularmente por lo que toca a las

repercuciones sobre el empleo total de las fuerzas laborales de toda la Nación, así como también a las exigencias del bien común universal o sea de las comunidades internacionales de diversa naturaleza y amplitud". (Mater et Magistra, No. 55)

3.1.6. El trabajo adecuado.

"El trabajo humano que se ejercita en la producción o en el intercambio de bienes o en la oferta de servicios económicos, tiene la primacía sobre los demás elementos de la vida económica, que no tienen otro valor que el de instrumento. Este trabajo, independiente o al servicio de otro, procede inmediatamente de la persona, la cual marca con su impronta las cosas de la naturaleza y las somete a su voluntad.

Es demasido frecuente en nuestros días que los trabajadores resulten en cierto sentido esclavos de sus propias obras, lo cual no se justifica de ningún modo por las llamadas leyes económicas. Se ha de adaptar, por consiguiente, el conjunto del proceso del trabajo productivo en su ritmo vital a las necesidades de la persona y de su vida, en particular de su vida familiar, sobre todo en el caso de las madres de familia, teniendo en cuenta siempre tanto el sexo como la edad. A los trabajadores se les debe dar, además, la capacidad de desarrollar en el trabajo mismo sus cualidades y su personalidad". (Gaudium et spes, No.67)

3.1.7. El trabajo en sentido objetivo: la técnica.

"Hoy, en la industria y en la agricultura, la actividad del hombre ha dejado de ser, en muchos casos, un trabajo prevalentemente manual, ya que la fatiga de las manos y de los músculos es ayudada por máquinas y mecanismos cada vez más perfeccionados. No sólamente en la industria, sino también en la agricultura, somos testigos de las transformaciones llevadas a cabo por el gradual y continuo desarrollo de la ciencia y de la técnica. Lo cual, en su conjunto, se ha convertido históricamente en una causa de profundas transformaciones de la civilización, desde el origen de la "era industrial" hasta las sucesivas fases de desarrollo gracias a las nuevas técnicas, como las de la electrónica o de los microprocesadores de los últimos años.

Aunque pueda parecer que en el proceso industrial "trabaja" la máquina mientras el hombre sólamente la vigila, haciendo posible y guiando de diversas maneras su funcionamiento, es verdad también que precisamente por ello el desarrollo industrial pone la base para plantear de manera nueva el problema del trabajo humano. Tanto la primera industrialización, que creó la llamda cuestión obrera, como los sucesivos cambios industriales y preindustriales, demuestran de manera elocuente que, también en la época del "trabajo" cada vez más mecanizado, el sujeto propio del trabajo sigue siendo el hombre.

El desarrollo de la industria y los diversos sectores relacionados con ella –hasta las más modernas tecnologías de la electrónica, especialmente en el terreno de la miniaturización, de la informática, de la telemática y otras, indica el papel de primerísima importancia que adquiere, en la interacción entre el sujeto y el objeto del trabajo (en el sentido más amplio de esta palabra), precisamente esa aliada del trabajo, creada por el cerebro humano, que es la técnica. Entendida aquí no como capacidad o aptitud para el trabajo, sino como un conjunto de instrumentos de los que el hombre se vale en su trabajo, la técnica es indudablemente una aliada del hombre". (Laborem exercens, No. 5)

3.1.8. El trabajo en sentido subjetivo: el hombre.

"El hombre debe someter la tierra, debe dominarla, porque como "imagen de Dios", es una persona, es decir, un ser subjetivo capaz de obrar de manera programada y racional, capaz de decidir acerca de sí y que tiende a realizarse a sí mismo. Como persona, el hombre es, pues, sujeto del trabajo. Como persona él trabaja, realiza varias acciones pertenecientes al proceso del trabajo, estas, independientemente de su contenido objetivo, han de servir todas ellas a la realización de su humanidad, al perfeccionamiento de esa vocación de persona, que tiene en virtud de su misma humanidad.

El trabajo entendido como proceso mediante el cual el hombre y el género humano someten la tierra, corresponde a este concepto fundamental de la Biblia sólo cuando al mismo tiempo, en todo este proceso, el hombre se manifiesta y confirma como el que "domina". Ese dominio se refiere en cierto sentido a la dimensión subjetiva más que a la objetiva: esta dimensión condiciona la misma esencia ética del trabajo. En efecto, no hay duda de que el trabajo humano tiene un valor ético, el cual está vinculado completa y directamente al hecho de que quien lo lleva a cabo es una persona, un sujeto consciente y libre, es decir, un sujeto que decide de sí mismo". (Laborem exercens, No. 6)

3.1.9. La dignidad de la persona.

"El trabajo es un bien del hombre —es un bien de su humanidad-, porque mediante el trabajo el hombre no solo transforma la naturaleza adaptándola a las propias necesidades, sino que se realiza a sí mismo como hombre, es más, en un cierto sentido "se hace más hombre". Si se prescinde de esta consideración no se puede comprender el significado de la virtud de laboriosidad y más en concreto, no se puede comprender porqué la laboriosidad debería ser una virtud: en efecto, la virtud, como actitud moral, es aquello por lo que el hombre llega a ser bueno como hombre. Ese hecho no cambia para nada la justa preocupación, a fin de que en el trabajo, mediante el cual la materia es ennoblecida, el hombre mismo no sufra mengua en su propia dignidad. Es sabido además, que es posible usar de diversos modos el trabajo contra el hombre, que se puede hacer del trabajo un medio de opresión del hombre, que en fin, se puede explotar de diversos modos el trabajo humano, es decir al hombre del trabajo. Todo esto da testimonio en favor de la obligación moral de unir la laboriosidad como virtud con el orden social del trabajo, que permitirá al hombre "hacerse más hombre" en el trabajo, y no degradarse a causa del trabajo, perjudicando no solo sus fuerzas físicas (lo cual, al menos hasta un cierto punto, es inevitable), sino, sobre todo, menoscabando su propia dignidad y subjetividad". (Laborem exercens, No. 9)

3.1.10. La persona minusválida.

"Dado que la persona minusválida es un sujeto con todos los derechos, debe facilitársele el participar en la vida de la sociedad en todas las dimensiones a todos los niveles que sean accesibles a sus posibilidades. La persona minusválida es uno de nosotros y participa plenamente de nuestra misma humanidad. Sería radicalmente indigno del hombre y negación de la común humanidad admitir en la vida de la sociedad, y, por consiguiente, en el trabajo, únicamente a los miembros plenamente funcionales porque, obrando así, se caería en una grave forma de discriminación, la de los fuertes y sanos contra los débiles y enfermos. El trabajo en sentido objetivo debe estar subordinado, también en esta circunstancia, a la dignidad del hombre, al sujeto del trabajo y no a las ventajas económicas. Corresponde por consiguiente a las diversas instancias implicadas en el mundo laboral, al empresario directo como al indirecto, promover con medidas eficaces y apropiadas el derecho de la persona minusválida a la preparación profesional y al trabajo, de manera que ella pueda integrase en una actividad productiva para la que sea idónea". (Laborem exercens, No. 22)

3.2. Los trabajadores asalariados o proletarios.

3.2.1. El punto de partida.

"La persona humana es y debe ser el principio, el sujeto y el fin de todas las instituciones. Todo hombre tiene el derecho al trabajo, a la posibilidad de desarrollar sus cualidades y su personalidad en el ejercicio de su profesión, a una remuneración equitativa que permita a él y a su familia llevar una vida digna en el plano material, cultural y espiritual, a la asistencia en caso de necesidad por razón de enfermedad o de edad". (Octogésima adveniens, No.14)

3.2.2. La solidaridad.

"La solidaridad de los hombres del trabajo, junto con una toma de conciencia más neta y más comprometida sobre los derechos de los trabajadores por parte de los demás, ha dado lugar en muchos casos a cambios profundos. Se han ido buscando diversos sistemas nuevos. Se han desarrollado diversas formas de neocapitalismo o de colectivismo. Con frecuencia los hombres del trabajo pueden participar, y efectivamente participan, en la gestión y en el control de la productividad de las empresas. Por medio de asociaciones adecuadas, ellos influyen en las condiciones de trabajo y de remuneración, así como en la legislación social.

Movimientos de solidaridad en el campo del trabajo –de una solidaridad que no debe ser cerrazón al diálogo y a la colaboración con los demás, pueden ser necesarios incluso con relación a las condiciones de grupos sociales que antes no estaban comprendidos en tales movimientos, pero que sufren, en los sistemas sociales y en las condiciones de vida que cambian, una proletarización efectiva o, más aún, se encuentran ya realmente en la condición de proletariado, la cual, aunque no es conocida todavía con este nombre, lo merece de hecho.

Para realizar la justicia social en las diversas partes del mundo, en los distintos países, y en las relaciones entre ellos, son siempre necesarios nuevos movimientos de solidaridad de los hombres del trabajo. Esta solidaridad debe estar siempre presente allí donde lo requiere la degradación social del sujeto del trabajo, la explotación de los trabajadores, y las crecientes zonas de miseria e incluso de hambre". (Laborem exercens, No. 8)

3.2.3. Deber y derechos.

"El trabajo es una obligación, es decir, un deber del hombre y esto en el múltiple sentido de esta palabra. El hombre debe trabajar bien sea por el hecho de que el Creador lo ha ordenado, bien sea por el hecho de su propia humanidad, cuyo mantenimiento y desarrollo exigen el trabajo. El hombre debe trabajar por respeto al prójimo, especialmente por respeto a la propia familia, pero también a la sociedad a la que pertenece, a la Nación de la que es hijo o hija, a la entera familia humana de la que es miembro, ya que es heredero del trabajo de generaciones y al mismo tiempo coartífice del futuro de aquellos que vendrán después de él con el sucederse de la historia. Todo esto constituye la obligación moral del trabajo, entendido en su más amplia acepción. Cuando haya que considerar los derechos morales de todo hombre respecto al trabajo, correspondientes a esta obligación, habrá que tener siempre

presente el entero y amplio radio de referencias en que se manifiesta el trabajo de cada sujeto trabajador.

Siendo el trabajo un deber, es también a la vez una fuente de derechos por parte del trabajador. Estos derechos deben ser examinados en el amplio contexto del conjunto de los derechos del hombre que le son connaturales, muchos de los cuales son proclamados por distintos organismos internacionales y garantizados cada vez más por los Estados para sus propios ciudadanos". (Laborem exercens, No. 16)

3.3. Los trabajadores empresarios o propietarios.

3.3.1. Directos e indirectos.

"Los empresarios se pueden clasificar bajo dos conceptos: indirecto y directo. En el concepto empresario indirecto entran tanto las personas como las instituciones de diverso tipo, así como también los contratos colectivos de trabajo y de los principios de comportamiento, establecidos por estas personas e instituciones, que determinan todo el sistema socioeconómico o que derivan de él. El concepto de empresario indirecto implica así muchos y variados elementos. La responsabilidad del empresario indirecto es distinta de la del empresario directo, como lo indica la misma palabra: la responsailidad es menos directa; pero sigue siendo verdadera responsabilidad, el empresario indirecto determina sustancialmente uno u otro aspecto de la relación de trabajo y condiciona de este modo el comportamiento del empresario directo cuando este último determina concretamente el contrato y las relaciones laborales. Esta

constatación no tiene como finalidad sino únicamente la de llamar la atención sobre todo el entramado de condicionamientos que influyen en su comportamiento. Cuando se trate de determinar una política laboral correcta desde el punto de vista ético hay que tener presentes todos estos condicionamientos. Tal política es correcta cuando los derechos objetivos del hombre del trabajo son plenamente respetados.

El concepto de empresario indirecto se puede aplicar a toda sociedad y, en primer lugar al Estado. En efecto es el Estado el que debe realizar una política laboral justa. No obstante es sabido que, dentro del sistema actual de relaciones económicas en el mundo, se dan entre los Estados múltiples conexiones que tienen su expresión, por ejemplo, en los procesos de importación y exportación, es decir, en el intercambio recíproco de los bienes económicos, ya sean materias primas o a medio elaborar o bien productos industrials elaborados. Estas relaciones crean a su vez dependencias recíprocas y, consiguientemente, sería difícil hablar de plena autosuficiencia, es decir, de autarquía, por lo que se refiere a cualquier Estado, aunque sea el más poderoso en sentido económico.

Tal sistema de dependencia recíproca es normal en sí mismo; sin embargo, puede convertirse fácilmente en ocasión para diversas formas de explotación o de injusticia, y de este modo influir en la política de los Estados y en última instancia sobre el trabajador que es el sujeto del trabajo. Por ejemplo, los países altamente industrializados y, más aún, las empresas que dirigen a gran escala los medios de producción industrial (las llamadas sociedades multinacionales o transnacionales), ponen precios lo más alto posible para sus productos, mientras procuran establecer precios lo más bajo posible para las materias primas o a medio elaborar, lo cual entre otras causas tiene como resultado una desproporción cada vez mayor entre los réditos nacionales de los respectivos países. La distancia entre la mayor parte de los países ricos y los países más pobres no disminuye ni se nivela, sino que aumenta cada vez más, obviamente en perjuicio de estos últimos. Es claro que esto no puede menos de influir sobre la política local y laboral, y sobre la situación del hombre del trabajo en las sociedades económicamente menos avanzadas. El empresario directo, inmerso en concreto en un sistema de condicionamientos, fija las condiciones laborales por debajo de las exigencias objetivas de los trabajadores, especialmente si quiere sacar beneficios lo más alto posibles de la empresa que él dirige (o de las empresas que dirige, cuando se trata de una situación de propiedad "socializada" de los medios de producción). Este cuadro de dependencias relativas al concepto de empresario indirecto –como puede fácilmente deducirse- es enormemente vasto y complicado. Para definirlo hay que tomar en consideración, en cierto sentido, el conjunto de elementos decisivos para la vida económica en la configuración de una determinada sociedad y Estado; pero, al mismo tiempo, han de tenerse también en cuenta conexiones y dependencias mucho más amplias. Sin embargo, la realización de los derechos del hombre del trabajo no puede estar condenada a constituir sólamente un derivado de los sistemas económicos, los cuales, a escala más amplia o más restringida, se dejan guiar sobre todo por el criterio del máximo beneficio. Al contrario, es precisamente la consideración de los derechos objetivos del hombre del trabajo –de todo tipo de trabajador: manual, intelectual, industrial, agrícola, etc.- lo que debe constituir el criterio adecuado y fundamental para la formación de toda la economía, bien sea en la dimensión de toda sociedad y de todo Estado, bien sea en el conjunto de la política económica mundial así como de los sistemas y relaciones internacionales que de ella derivan". (Laborem exercens, No. 17)

3.3.2. La finalidad de la empresa.

"La Iglesia reconoce la justa función de los beneficios como índice de la buena marcha de la empresa. Cuando una empresa da beneficios significa que los factores productivos han sido utilizados adecuadamente y que las correspondientes necesidades humanas han sido satisfechas debidamente. Sin embargo, los beneficios no son el único índice de las condiciones de la empresa. Es posible que los balances económicos sean correctos y que al mismo tiempo los hombres, que constituyen el patrimonio más valioso de la empresa, sean humillados y ofendidos en su dignidad. Además de ser moralmente inadmisible, esto no puede menos de tener reflejos negativos para el futuro, hasta para la eficiencia económica de la empresa. En efecto, finalidad de la empresa no es simplemente la producción de beneficios, sino más bien la existencia misma de la empresa como comunidad de hombres que, de diversas maneras, buscan la satisfacción de sus necesidades fundamentales y constituyen un grupo particular al servicio de la sociedad entera.

Los beneficios son un elemento regulador de la vida de la empresa, pero no el único, junto con ellos hay que considerar otros factores humanos y morales que, a largo plazo, son por lo menos igualmente esenciales para la vida de la empresa". (Centesimus annus, No. 35)

4. El poder de las leyes de los trabajadores.

Los trabajadores de la sociedad y no la clase política ideológica contemporánea, son los que tienen que definir las reglas del juego con las cuales la entera sociedad debe regirse; estas reglas constituyen las leyes emanadas por el poder económico-político de los trabajadores; por ese mismo poder, las leyes deben conformar el orden económico, político, social y cultural de la sociedad; en este sentido, el poder de las leyes de los trabajadores permite ciertos métodos o técnicas de participación en el ejercicio del poder económico-político, es decir, las formas como libremente los trabajadores empresarios, los trabajadores asalariados y los trabajadores independientes escogerán a sus representantes para regir los destinos de la completa sociedad.

Las leyes producidas por los representantes libremente elegidos por los trabajadores de la sociedad, son el resultado del enfrentamiento crítico del trabajo sobre la suscitación de transformación de la vida social; en cuanto tal, las leyes determinan el nuevo desafio a vivirse por la sociedad transformada en su totalidad, estas leyes constituyen la respuesta social de los trabajadores en tanto derecho y responsabilidad que les corresponde; este poder de las leyes de los trabajadores de la sociedad, conlleva a la regulación ética del poder económico-político entre los trabajadores empresarios o propietarios, los trabajadores asalariados o proletarios y los trabajadores independientes de la sociedad.

La nomocracia se sostiene precisamente en este sustento procesual legaliforme producido por todos los trabajadores de la sociedad, en tanto que, para que exista un nuevo orden social, es necesario disponer de una identidad fundada y coherente entre todos los miembros de la sociedad que trabajan, y esa identidad sólamente es posible lograrla, desde la gestión económica hacia la gestión política por parte de todos los trabajadores de la sociedad.

Una sociedad se identifica con su *élam vital*, en la medida en que sus trabajadores transforman su vida económica, política, social, fisica y cultural para el desarrollo de todos los miembros de la sociedad, en tanto que el trabajo es el generador de toda transformación individual, familiar, social, fisica y mundial; de esta forma, el poder de las leyes de los trabajadores emerge como una fuerza trascendente, en tanto que su materialidad se encuentra incorporada en las vidas de todos los miembros de la sociedad y en la integridad de la vida social en su campo unificado; la fuerza del poder de las leyes así comprendida, es superior a cualquier otra fuerza social conocida históricamente, en tanto que el poder de las leyes de los trabajadores constituye la respuesta del trabajo ante la problemática social desafiante que impresiona y suscita a los trabajadores de la sociedad.

Pensando y actuando como individuos –existencialmente hablando-, estamos en desventaja operativa ante la vida universal; la capacidad individual que tenemos con nuestro trabajo como respuesta ante la factualidad fenoménica de la vida universal, es verdaderamente limitada, ya que obligadamente necesitamos apelar a los otros (familia, compañeros de trabajo, amigos, servidores, colegas, etc.) para pensar y actuar como equipo social para conocer, vivir y transformar la vida universal existente; de esta necesidad social de compartir el trabajo con los demás miembros de la sociedad, se desprende, que toda forma o modo de producción en la sociedad, es una forma compartida de los esfuerzos del trabajo de todos los individuos, tanto de los trabajadores empresarios o propietarios, de los trabajadores asalariados o proletarios, como de los trabajadores independientes; por tanto, al esfuerzo compartido del trabajo entre los tres tipos de trabajadores, corresponde el compartir los frutos del trabajo con todos los miembros de la sociedad, trabajen o no trabajen.

Las leyes consideradas como el *élam vital* del conocimiento de lo que es, de lo que tiene y de lo que aspira ser una sociedad con su destino, es la carta de identidad que se expresa como regulación de las relaciones de poder en una sociedad; desde este punto de vista, el poder político no emana del pueblo por derecho, sino que el poder político emana del trabajo de los miembros de la sociedad que sustentan el poder económico de la sociedad; por tanto, el poder político no se encuentra fundado en ningún derecho social –a excepción del trabajo- de los individuos viviendo en sociedad.

Siendo el trabajo objetivo el de la transformación de la vida universal como técnica aplicada y siendo el trabajo subjetivo como la dignificación de la persona humana, el trabajo se constituye como el poder que decide todos los niveles de acción en la sociedad; sin embargo, para que el trabajo se exprese como el poder determinante en la sociedad, los trabajadores deben expresarse organizadamente en la dimensión económica y en la legaliformidad política del poder, es decir, el poder tiene que expresarse en acuerdos de convivencia, y estos acuerdos están fundados en las leyes emanadas por el poder político de los trabajadores por medio de sus representantes libremente elegidos; ahora bien, en la medida que los representantes de los trabajadores en el poder político definan, cuales sean los principios con los cuales deba regirse la completa sociedad de forma justa, equitativa y buscando el bien común de todos los miembros de la sociedad, en esa medida los acuerdos se constituyen en leyes del nuevo orden social; a partir de este contenido esencial de la nomocracia que se lleve a la praxis en una sociedad, la clase política ideológica ya no tiene razón de existir ni de funcionar socialmente.

5. La nomocracia como una respuesta del humanismo radical.

5.1. La cultura del tener en el mundo contemporáneo.

El tener más, lo mismo para las personas como para las sociedades, no consiste en el fin último del hombre; el tener más de lo necesario para vivir decentemente no significa que el hombre sea más hombre, es decir, que sea más humano que los demás, por cuanto esta tenencia en demasía encierra al hombre como en una prisión muy difícil de salir, en tanto que el tener más, el hombre lo convierte en el bien supremo y esto le impide ir más allá de su horizonte individual; en consecuencia, el tener más endurece las conciencias y los espíritus se cierran a toda participación no lucrativa de ayuda a los demás (con algunas excepciones por supuesto); en el mundo de la abundancia del tener más, los hombres no se vuelven solidarios por la amistad, por la familiaridad y por la comunidad, sino por el interés del tener más, el cual de inmediato les hace enfrentarse unos a otros, cundiendo la discordia, la codicia, la envidia y la violencia de todo tipo en la comunidad, en la sociedad y en el mundo. La búsqueda exclusiva de poseer más, se convierte de este modo en un abstáculo para el crecimiento del ser y se opone obviamente a la verdadera grandeza del hombre que es amar; tanto para las personas como para las sociedades, la avaricia es la forma más evidente de un subdesarrollo moral (el crack financiero del 2008 y sus secuelas, dan fe de las consecuencias de la avaricia de la minoría dominante financiera en el mundo).

La diferencia entre ser y tener, y el peligro inherente de una mera multiplicación o la sustitución de cosas poseídas respecto al valor de ser, no debe transformarse únicamente en una autonomía de dejar de tener, sino en una educación o en una cultura del ser. Una de las grandes injusticias del mundo contemporáneo, consiste, precisamente en esto: en que son relativamente pocos los que poseen mucho y muchos los que no poseen casi nada; existen millones de seres humanos que se mueren de hambre en todo el mundo y a los que tienen mucho no les importa esta verdad; esto es el producto de la injusta distribución de los bienes y servicios destinados originariamente a todos los hombres, tanto a nivel de cada sociedad como a nivel mundial.

Estos pocos que poseen mucho, no llegan verdaderamente a ser, en vista que se encuentran impedidos por el culto del tener, es decir, su conciencia se encuentra alienada en el tener y anulado su compromiso social; por otro lado, están los muchos que poseen poco o nada, los cuales no consiguen concretizar su vocación humana fundamental por carecer de los bienes indispensables para vivir. El problema de esta injusticia, no consiste propiamente en el tener en cuanto tal, sino en el poseer que no respeta consciente e inconscientemente a los que tienen poco o casi nada; todo lujo es un insulto a los más necesitados.

La cultura del tener desprecia los derechos humanos, los valores esenciales del hombre a nivel personal, social y mundial; la cultura del tener es un cáncer del egoísmo social de unos pocos contra los muchos, el cual en nuestra época se repite como una metástasis en todas las sociedades del planeta; las desigualdades globales se mantienen encubiertas bajo el manto de legalidad e inalterabilidad o de explotación de todo tipo.

5.2. La cultura del ser.

Toda actividad humana tiene lugar dentro de la vida social y tiene una recíproca relación entre las diversas sociedades a nivel mundial; para una adecuada formación de una cultura social como respuesta a la vida social problematica, se requiere la participación directa de todos los miembros de la sociedad, los cuales desarrollen su creatividad intensa y excelentemente con todos sus compañeros sociales y con todos los hombres del planeta. A la sociedad, sus miembros deben dedicar su capacidad de autodominio, de sacrificio personal, de solidaridad y de disponibilidad para promover el bien común; por esto, la primera y más importante labor cultural se realiza en el corazón del hombre y el modo como éste se compromete a construir su propio futuro, depende del conocimiento que tenga de sí mismo, de su familia, de sus amigos y de su entorno social.

La riqueza de la vida humana es riqueza de valores y de posibilidades; cuando el hombre vive con, en y hacia la vida universal que conoce, su trabajo se orienta a la cultura del ser; cuando el hombre vive con, en y hacia la ideología, su trabajo se desvirtúa, se desnaturaliza y entonces el hombre se enajena en sus propias ilusiones, produciendo y viviendo la cultura del tener.

5.3. La nomocracia como una aportación a la cultura del ser.

Todas las ideologías que se practican en el mundo contemporáneo, forman parte de la cultura del tener; la adopción mental y la práctica de las ideologías, ha contribuído y contribuye al proceso decadente de la humanidad en el siglo XXI; las élites dominantes del mundo son las que promueven, impulsan y manipulan las ideologías, principalmente las ideologias económicas y las ideologias políticas; ante esta fuerza descomunal ideológica, no existen opciones válidas en el mundo contemporáneo para detener la avalancha y el dominio ideológico, debido a que aquellos intelectuales que deberían trabajar por descubrir la verdad en la vida social y darla a conocer a la humanidad, muchos de ellos actúan como justificadores ideológicos y otros como mercenarios del poder hegemónico social y mundial.

La nomocracia es la teoría del poder económico-político de los trabajadores de la sociedad, la nomocracia es enemiga acérrima de todo tipo de ideología, por cuanto la ideología es una desfiguración mental, social, económica, política y cultural del hombre viviendo en sociedad; en cuanto tal, la nomocracia ofrece su respuesta revolucionaria dentro del humanismo radical, es decir, en pro de la cultura del ser, a favor de la justicia social y por una verdadera libertad de los hombres viviendo en sociedad y en el mundo entero (y/o en cualquier otro planeta del universo).

En la nomocracia el hombre es el centro de toda la vida social, para el hombre se justifica la mejor organización posible de la sociedad, en tanto que el hombre es el sujeto de la existencia de la sociedad, por su dignidad y por la aportación social de su trabajo.

5.4. La nomocracia como solución económica-política de la sociedad.

La sociedad, en tanto es una de las tres dimensiones de la vida universal existencial, se concibe de forma tridimensional como campo unificado de las sub-dimensiones de lo familiar, de lo económico y de lo político; sub-dimensiones que sostienen un campo unificado, un equilibrio energético dentro de la vida social; la sub-dimensión política encuentra su apoyo en la sub-dimensión económica con el fin de alcanzar la justicia y el excelente desarrollo de todos los miembros de la sociedad, como la común finalidad de los trabajadores de la sociedad; el trabajo como expresión transformativa de los trabajadores de la sociedad, guarda un derecho social consensuado por medio de acuerdos, leyes, valores, etc., con el objetivo claro y definido de buscar, promover y alcanzar el bien común de todos los miembros de la sociedad; este derecho consensuado expresado como acuerdos, leyes, valores, etc. se materializa en la constitución –**Lex Magna**- que fundamenta al poder político de los trabajadores de la sociedad; en consecuencia, la sub-dimensión económica depende de la sub-dimensión familiar, por cuanto que los que trabajan son los miembros familiares, tanto para cubrir la subsistencia personal y familiar, como para que con su trabajo le den vida transformativa a la sociedad a la cual pertenecen.

En tanto que el trabajo de los hombres en la sociedad (la subdimensión económica) por su capacidad transformativa de la vida social, convierte a los trabajadores en los productores de la riqueza (poder económico); este poder económico determina, a que con legítimo derecho sean los trabajadores los que produzcan las leyes constitutivas que determinen las funciones operativas del poder político en la sociedad por medio de sus representantes libremente elegidos; en este sistema racional, justo, legal y trascendental para toda la sociedad, el sustento filosófico que regula y transforma valorativa y equitativamente a la sociedad se denomina nomocracia, es decir, la nomocracia es el poder de las leyes de los trabajadores empresarios o propietarios, de los trabajadores asalariados o proletarios y de los trabajadores independientes de la sociedad.

El motor ideológico de la política en cualquier sociedad contemporánea, se manifiesta en la lucha por el poder político entre partidos o fuerzas políticas, entre una dictadura y un pueblo oprimido, entre una monarquía y una sociedad sometida, etc.; esta lucha por el poder político, muchas veces se reviste con la muerte, tortura, cárcel, opresión, etc. como respuestas al conflicto de intereses en juego; sin embargo, el verdadero fin del agente político, consiste, en servir al bien común de todos los miembros de la sociedad, y la mayoría de miembros de esa sociedad son los trabajadores empresarios, los trabajadores asalariados y los trabajadores independientes y sus familias; por esto la nomocracia se constituye como el motor económico-político dentro del humanismo radical y en el compromiso social que deben asumir todos los trabajadores de la sociedad y del mundo, por cuanto que la política es la actividad que define el sentido del vivir y la razón de ser de todos los miembros de la sociedad; por tanto, no le corresponde a nadie más cumplir esta función que a los propios trabajadores de la sociedad.

Este nuevo proyecto de sociedad, en tanto solución económica-política, propongo que se instaure mediante la revolución nomocrática, la cual se funde en el poder de las leyes emanadas y ejecutadas por los representantes libremente elegidos por los trabajadores empresarios, por los trabajadores asalariados y por los trabajadores independientes de la sociedad; en este sentido, la nomocracia configura una nueva cultura, es una solución económico-política que responde a la problematica social y conforma una estructura unificada de la vida social; la nomocracia es una garantía social con la cual todos los trabajadores de la sociedad y del mundo puedan disfrutar de un proyecto de sociedad verdaderamente humano, viviendo en armonía, con justicia social, en libertad y con dignidad. La nomocracia vista como una nueva cultura social, arranca de la reinterpretación de la verdad históricamente comprobada, que es el trabajo, mediante el trabajo y sólamente por el trabajo, de como el ser humano conoce, crea, transforma y continua el proceso de la cultura y sus difiniciones sociales; porque es por medio del trabajo de como los hombres cumplen con sus necesidades familiares, sustentan a la sociedad en su dinámica económica y tienen el derecho consecuente de gobernar a la sociedad por medio de sus representantes libremente elegidos.

Nomocracia es el gobierno de las leyes producidas por los representantes de los trabajadores de la sociedad; nomocracia es el seguro estructural de toda sociedad para que los miembros busquen por medio del trabajo su plenitud social; nomocracia es la opción racional, humana y práctica para superar la pobreza y miseria de los trabajadores asalariados o proletarios, para que los trabajadores independientes tenga voz y voto, y para que los trabajadores empresarios o propietarios puedan vivir en paz y rompan su alienación de la propietarización por sobre todos sus objetivos en la sociedad (el culto a la propiedad privada y al dinero).

Considerando, que la dignidad de todo ser humano es la razón, el principio y el fin de toda organización social, la nomocracia propone dos matrices fundamentales para todo tipo de sociedad y estas son:

a) Siendo que los trabajadores asalariados o proletarios, los trabajadores empresarios o propietarios y los trabajadores independientes, son los responsables de la producción, distribución y consumo de los bienes y servicios, es decir, del poder económico, los trabajadores empresarios o propietarios, deben compartir los beneficios o ganancias de sus empresas o negocios con sus trabajadores asalariados o proletarios; este reparto de beneficios debe ser en cumplimiento a la justicia, a la equidad y a la paz armónica que le corresponden a todas las relaciones de trabajo que tienen en común ambos tipos de trabajadores; en esta medida, los trabajadores asalariados o proletatrios tendrán más capacidad de consumo para sus familias y dispondrán de ahorros para su seguridad familiar o para iniciarse como trabajadores empresarios o para trabajar independientemente.

b) Siendo que los trabajadores asalariados o proletarios, los trabajadores empresarios o propietarios y los trabajadores independientes son los que producen, distribuyen y consumen la riqueza económica en la sociedad, la cual debe ser compartida entre ellos para el sostenimiento, seguridad y mejoramiento de su status familiar, son esos mismos tipos de trabajadores a quienes corresponde gobernar a la sociedad, por medio de sus representantes libremente elegidos entre sus organizaciones laborales y empresariales.

5.5. La nomocracia como una opción al cambio justo y necesario.

5.5.1. La necesidad del cambio.

Al iniciarse el Siglo XXI, la humanidad ha heredado una resaca de un materialismo ideológico practicante en todos los órdenes de la vida individual, social y mundial; hemos recibido un sincretismo religioso paganizado que se expresa con un maquillaje de fe institucional sin llegar a la práctica real del amor entre los hombres, práctica que constituye el fin terrenal de toda religión; hemos experimentado un fracasado comunismo que se presentó como el libertador de los trabajadores proletarios y a los cuales traicionó con las dictaduras del partido lleno de parásitos políticos criminales; hemos heredado una gama de filosofías estériles que no cuestionan las ideologías que han enmascarado el dominio de las élites dominantes sobre millones de personas oprimidas, explotadas y engañadas; hemos sufrido un capitalismo voraz proyectado globalmente, el cual dentro de sus objetivos compra juristas, políticos, administradores, gobernantes y guerreros para mantener su dominio sobre legiones de hambrientos, sobre plagas de desempleados, sobre millones de enfermos, etc.; hemos retenido un avance tecnológico manipulado por oligarquías avarientas de lucro, las cuales compran cerebros en cualquier parte del planeta como comprar golosinas; hemos convivido social y mundialmente alienados ideológicamente en la mentira, en las drogas, en el libertinaje sexual, en el amor al dinero, en la violencia, huérfanos de fundamentos culturales liberadores que nos rediman de la esclavitud de lo inútil y superfluo; hemos experimentado la desintegración familiar por el hambre, por la miseria, por el desempleo, por la injusticia social, etc. de millones de familias en todo el mundo; hemos sufrido y sufrimos un fétido moralismo en todos los ámbitos sociales, el cual practica el bien al prójimo por conveniencia egoísta y no por amor; hemos heredado una decadencia sin par que clama al cielo desesperadamente para que la vida de los hombres cambie para bien.

La juventud, sangre nueva de la sociedad y del mundo, se encuentra huérfana del liderazgo creador de nuevas aventuras culturales y civilizadoras; nosotros los viejos no hemos sido capaces de forjarles una esperanza fundada para que los jóvenes desarrollen su futuro con excelencia, por tanto, el futuro de la juventud es incierto según arrastremos la decandencia en nuestras familias, en nuestra sociedad y en todo el mundo; en sustitución a nuestra responsabilidad frustrada con la juventud, les fabricamos celebridades plásticas tragamonedas, ídolos del entretenimiento, falsos líderes producidos por la maquinaria ideológica, despojos culturales (refritos arcaicos) sin sustancias; ante la vacía expectativa de recibir algo valioso de nuestra parte, los jóvenes viven en la desesperanza, esperan cambios sociales que no llegan, se ahogan en la angustia, se confunden en la necesidad honesta de comunicarse y de adorar a Dios, se escabullen en las drogas, en el libertinaje sexual, en el fanatismo ideológico, en las redes sociales en búsqueda de comprensión y estima; todo esto porque no encuentran la felicidad que nuestro mundo mediocre y pestilente les niega; alabamos a los jóvenes por sus virtudes, pero son enviados a morir a las guerras producidas en el mundo por las minorías dominantes, minorías que subsisten gracias a nuestros fracasos en destronarlas, a nuestra tolerancia, a la falta de consciencia de la verdad, a nuestros errores, a nuestra ceguera intelectual, a nuestros vicios y a nuestras esclavitud ideológica.

Lo anteriormente expuesto, exige, necesita y urge de un cambio de mentalidad y de actitud entre todos los seres humanos del planeta; este cambio es posible por la aceptación e implementación de la solución nomocrática para obtener la humanización radical de una nueva sociedad y un nuevo orden de convivencia mundial, por una socialización coherente y consecuente con la dignidad humana, por la formulación y seguimiento de un futuro prometedor para los jóvenes y las nuevas generaciones, y para un mundo más justo y ecuánime para toda la humanidad.

5.5.2. Dónde se debe implementar el cambio.

En su estudio sobre la evolución, Chardin señaló: *"el futuro está en manos de aquellos quienes puedan dar a las generaciones futuras razones válidas para vivir y tener esperanza"*; esto significa, que nosotros los humanistas que estamos conscientes de que hay que conocer y transformar la vida decadente mundial que vivimos contemporáneamente, debemos de trascender la conciencia "normal" fabricada por las ideologias, la cual va en contra de la verdadera liberación que aspiramos con nuestro humanismo radical nomocrático; esto significa, que hay que revertir la cultura del tener y conventirla en la cultura del ser, combatir la brutalidad del amor a la violencia de todo tipo, contrarestar la alienación deshumanizante del hombre moderno con una posición de cara a un humanismo radical, por una justicia social verdadera, participativa y equitativa.

El cambio de mentalidad y el movimiento necesario hacia una nueva ordenación del hombre viviendo en sociedad y en el mundo, son instancias indispensables que motivan al hombre moderno trabajador a luchar por que se instale social y mundialmente la nomocracia, como la solución al proceso decadente que sufre la humanidad en nuestra época.

5.5.3. La promoción del cambio.

La exigencia que debe tener toda sociedad, pueblo, nación, país, etc. por encontrar su identidad fundada en las relaciones justas entre el poder económico y el poder político, se funda en el respeto, en el seguimiento y en el cumplimiento de las leyes emanadas por los representantes libremente elegidos por los trabajadores de la sociedad, leyes que tengan su asiento en la racionalidad y en la libertad de la obediencia, en la participación de una consciencia común, en la afirmación y el respeto de la dignidad de la persona, y en la seguridad de encontrar por medio del trabajo, un mundo más humano y justo para todos los hombres, a la vez que ecológicamente más equilibrado con su entorno universal.

El cambio del hombre en la sociedad es posible implementarlo con la cultura del ser, un ser que esté fundado sobre el poder del trabajo como transformación social, es decir, fundado sobre la nomocracia como revolución social; la formalización básica de esta cultura nomocrática, debe estar fuera de cualquier marco ideológico, porque precisamente el objetivo del enfrentamiento con la vida social, es desideologizar al hombre, a la sociedad y al mundo; en cuanto tal, la forma instrumental de la cultura del ser, se encuentra abierta a las creaciones y a los proyectos humanos de los jóvenes trabajadores que se definan por luchar por un humanismo radical, el cual esté fundado en el trabajo y en la dignidad humana de todos los hombres del planeta.

La nomocracia no representa ni pretende en modo alguno, postular una utopía como respuesta revolucionaria a la vida social que se nos muestra como decadente; la nomocracia es una respuesta inteligente, posible y humana para transformar al hombre, a la sociedad y al mundo; la nomocracia es la carta de identidad de los trabajadores de la sociedad y del mundo, con la cual definan y desarrollen el poder económico-político como cultura del ser para cada sociedad y para todo el mundo.

Capítulo V

El proceso de implementación de la nomocracia.

1. El orden económico.

Considerando, que los trabajadores son la fuente del poder económico-político en la sociedad nomocrática y en tanto que, los trabajadores son el motor del desarrollo y del sustento económico de la sociedad, es conveniente explicar cual sea el orden económico que seguiría la sociedad nomocrática bajo la gobernanza de los representantes libremente elegidos por los trabajadores empresarios, por los trabajadores asalariados y por los trabajadores independientes; ahora bien, siendo que los representantes trabajadores son los que producirán la **Lex Magna (la constitución)**, es decir, las leyes del orden social por medio del poder político, en consecuencia, son los representantes de los trabajadores los que definirán el orden económico en cada sociedad, de acuerdo a su cultura, a sus tradiciones, a su modo de producción, etc.. Sólamente a manera de sugestión, plantearé algunos esquemas que podrían ser útiles a los futuros gobernantes en la toma de sus decisiones, con el fin de establecer un nuevo orden económico en sus respectivas sociedades.

1.1. El derecho a la propiedad privada subordinada al derecho del uso común.

La propiedad privada es un derecho inalienable del ser humano, los miembros de todas las familias en la sociedad deben gozar del derecho a la propiedad privada en la sociedad nomocrática. Si partimos que el hombre es la primera instancia a la cual el poder económico-político de la sociedad debe servir, la propiedad privada deberá someterse al principio del uso común de los bienes en cuanto a justicia social y a equidad se refiere; sin embargo, el criterio al uso común de los bienes, no le corresponde a los trabajadores empresarios o a los trabajadores asalariados o a los trabajadores independientes aplicarlo por sí mismos, tampoco le corresponde a nigún tipo de organización o institución de la sociedad aplicarlo; esta función le corresponde arbitrarla al poder politico, en tanto que es el regulador ético de la sociedad y en tanto es el productor y el ejecutor de las leyes producidas por los representantes de los trabajadores de la sociedad.

1.2. El trabajo como un deber y como fuente de derechos.

Si el trabajo es un deber, también es una fuente de derechos para el trabajador empresario, para el trabajador asalariado y para el trabajador independiente; este principio básico de la nomocracia se fundamenta, en que la esencia del trabajo como expresión humana para la transformación de la realidad humana, social y fisica, condiciona, a que el trabajador domine la vida universal a la cual somete en términos objetivos; esta transformación está planteada en la vida del hombre como un deber, no existe para el hombre otra alternativa: trabaja o perece; de esta posición nomocrática surge la necesidad social del trabajo, por cuanto sin la sociedad, al hombre le es imposible desarrollar su existencia como tal; en consecuencia, los trabajadores tienen los derechos inalienables de modular el poder político de la sociedad por medio de sus representantes libremente elegidos, lo cual implica que sus derechos serán defendidos y respetados en las relaciones sociales y mundiales de todo tipo.

El trabajo de los hombres es la clave del esfuerzo por la convivencia equilibrada en la sociedad y en el mundo, en tanto que la finalidad del trabajo del hombre es el hacer la vida humana más digna, más felíz, social y mundialmente considerada; por tal motivo, la dirección del poder económico-político contemporáneo decadente debe regresar a los trabajadores empresarios, a los trabajadores asalariados y a los trabajadores independientes organizados, los cuales elegirán a sus representantes para gobernar a la entera sociedad.

1.3. La co-propiedad de los medios del trabajo.

El buscar solidificar el capital con el trabajo no es una utopía, por cuanto esta es la respuesta social ante el problema (la injusticia social y la usurpación del poder total) de las relaciones conflictivas entre los trabajadores empresarios o propietarios y los trabajadores asalariados o proletarios; esta solidificación del trabajo con el capital, implica una co-propiedad de los medios del trabajo, por cuanto el trabajo produce la riqueza en la sociedad y en el mundo.

La nomocracia promueve el derecho que tienen los trabajadores asalariados para que ellos sean co-propietarios de la empresa y que esta incorporación conlleve a un proceso educativo de tolerancia y cooperación entre los trabajadores empresarios y los trabajadores asalariados; proceso que se inicia a partir de la justa remuneración del trabajo ejecutado y continúa con la capacitación y el entrenamiento de los dos tipos de trabajadores, buscando producir y distribuir bienes y servicios con excelencia y calidad; por otra parte, la justa remuneración no puede ni debe ser subjetiva para las partes (empresarios y asalariados), la aplicación de la justicia remunerativa, corresponderá al gobierno nomocrático, en tanto que es el regulador ético de la sociedad.

El salario justo antes aludido, en manera alguna consiste en el pago por el trabajo ejecutado como si este fuera una mercancía más que se vende en el mercado al mejor postor; esta conducta capitalista tiene una base ideológica en la cual se afirma, que todos los hombres son iguales y libres en un mercado económico sin ningún control del poder político (error demostrado en la última crisis financiera mundial desde 2008); el sustento ideológico, sostiene, que los hombres no son iguales para gozar de las riquezas producidas por las empresas, es decir, por ningún motivo se acepta la igualdad económica en el reparto de las ganancias para los trabajadores asalariados por parte de los trabajadores empresarios; el salario justo en cuanto tal, no es más que una medida de compensación inicial del proceso de co-propietización de los medios del trabajo.

Con el fin de preservar a la familia como el núcleo social cuando se considere al salario como una justa remuneración, el gobierno nomocrático deberá procurar que el salario cumpla con la canasta básica familiar; por otra parte, el gobierno deberá legislar para que las empresas le den un trato preferencial a las mujeres madres trabajadoras, en tanto que la verdadera promoción de la mujer exige, que el trabajo se estructure de manera tal, que no deba pagar la mujer su promoción con el abandono del carácter específico propio de mujer y en perjuicio de la familia, en la cual como madre tienen un papel insustituible.

1.4. El desarrollo del trabajo en términos de calidad y de excelencia.

El poder económico de los trabajadores empresarios, de los trabajadores asalariados y de los trabajadores independientes, obedece al esfuerzo vital que tales hombres y mujeres realizan para la transformación de la vida individual, social y física, dando como resultado la producción, la distribución y el consumo de bienes y servicios en la sociedad y en el mundo; en cuanto tal, la consecuencia lógica de este poder económico, conduce al derecho político que los trabajadores tienen para definir las leyes con las cuales la completa sociedad debe ser gobernada; de igual manera, corresponde a los trabajadores empresarios, a los trabajadores asalariados y a los trabajadores independientes, desarrollar su trabajo con la responsabilidad puesta en la calidad y la excelencia de los bienes y servicios producidos en cualquier condición en que se encuentren; porque no existe justificación alguna de parte de los trabajadores en la sociedad nomocrática para no ejecutar bien y mejor su trabajo con excelencia y calidad, en cuanto que teniendo los trabajadores las bases estructurales de apoyo para su bienestar familiar, su deber moral consiste en realizar su trabajo en forma de total entrega; de esta manera el mercado interno y externo de consumidores estará satisfecho con productos y servicios de calidad y de valor.

1.5. El entrenamiento y la educación permanente de los trabajadores.

Un trabajo desarrollado con excelencia y calidad, no es posible ejecutarlo únicamente con la buena voluntad de los trabajadores empresarios, de los trabajadores asalariados y de los trabajadores independientes, por cuanto es necesario que los trabajadores tengan los conocimientos, la tecnología y las destrezas apropiadas para llevarlo a cabo; esta responsabilidad de entrenar, capacitar y educar a los trabajadores asalariados, le corresponde en primera instancia a las empresas y en última instancia le corresponde al poder politico nomocrático, suministrar estos servicios para aquellos trabajadores desempleados y para aquellos trabajadores empresarios, asalariados e independientes que por alguna necesidad justificada lo requierean; en este sentido, el gobierno nomocrático que funciona como empresa pública, deberá dar el ejemplo con sus propios empleados.

1.6. El desarrollo económico con respecto al campo unificado de la vida universal.

La vida universal existencial, enfocada desde la visión cosmobionómica (base de la teoría nomocrática), está constituida por el campo unificado tridimensional de lo humano, de lo social y de lo físico; este campo unificado se sostiene en un equilibrio energético estructurado en leyes que rigen el universo; romper estas leyes significa desencadenar desequilibrios de todo tipo: humanos, sociales y físicos, tal como el desequilibrio en todos los órdenes que estamos viviendo en nuestro proceso decadente comenzando el siglo XXI.

Considerando el trabajo de los trabajadores como la expresión vital de la dimensión económica de la vida social, corresponde a los mismos trabajadores transformar la sociedad para hacer de ella un equilibrio ecuánime que beneficie a todos los miembros de la sociedad, respetando las leyes intrínsecas de la dignidad humana y el sentido de humanización de la sociedad; esto implica también, el respeto a la **Lex Magna** promulgada por sus representantes en el poder político y a las leyes de la vida física en tanto ecosistema; este respeto legal al gran campo unificado del equilibrio energético de la vida universal, significa, la obediencia y el seguimiento a las leyes de la vida universal por la impresión y la suscitación de la factualidad fenoménica expresada en nuestras vidas cotidianas.

1.7. Los impuestos.

Considerando, que el gobierno nomocrático deberá sostenerse materialmente de las contribuciones de los miembros de la sociedad, los impuestos no se deben aplicar a los ingresos percibidos por los trabajadores asalariados, ni tampoco a las ganancias de las empresas de los trabajadores empresarios, ni a los ingresos percibidos por los trabajadores independientes; tampoco se gravaría ningún tipo de propiedad, inversión o capital; los impuestos únicamente deben aplicarse al consumo de bienes y servicios sin excepción alguna; esta aplicación impositiva tiene como consecuencia en la economía nomocrática una promoción autogestora, en el sentido que al no pagar impuestos por ingresos percibidos, los trabajadores empresarios, asalariados e independientes tendrían más capacidad de ahorro, de compra y de inversión, por tanto, consumirían más bienes y servicios generando más trabajo en la sociedad.

1.8. La moneda fundada en el trabajo.

La moneda es una mercancía de cambio avalada por el gobierno de cada sociedad; el respaldo intrínseco de la moneda es diverso, en el sentido que obedece a variables de tipo económico, social, cultural, político y físico; de igual manera existen e influyen aspectos internos y externos en el valor de la moneda, tales como: el clima, el comercio, las relaciones internacionales, los conflictos, las necesidades globales, el consumo, etc.; sin embargo, el respaldo de la moneda a nivel interno y externo en una sociedad, obedece esencialmente al equilibrio estructurado del trabajo en la sociedad y a nivel mundial: producción, distribución y consumo de bienes y servicios; este equilibrio debe responder a un planeamiento estratégico de divisas conforme al desarrollo sostenido de cada sociedad, por cuanto es el reflejo colectivo del trabajo de sus miembros.

En cuanto que la nomocracia significa el sistema del poder económico-político de los trabajadores empresarios, de los trabajadores asalariados y de los trabajadores independientes de una sociedad, la moneda debe estar respaldada en el trabajo de los miembros de la sociedad medido como productividad, consumo y balance económico; como tal, esto constituye una garantía para la sociedad y para las relaciones intersocietales; en consecuencia, para practicar una excelente gobernanza nomocrática tanto a nivel social como a nivel mundial, se vuelve necesario que la moneda esté fundada en el trabajo humano.

1.9. El cuidado de la salud y la seguridad social de los trabajadores y sus familias.

La empresa se constituye en principio, como la responsable del cuidado de la salud y de la seguridad social de los trabajadores empresarios y de los trabajadores asalariados, por cuanto es una comunidad de trabajadores que se protegen per se; entre tanto, el gobierno nomocrático es el regulador ético que debe promover y garantizar el cuidado de la salud y de la seguridad social de todos los trabajadores de la sociedad; por cuanto y en tanto gobierno que es, tiene que administrar el derecho de gobernar a la sociedad por parte de quienes creen tener este derecho; de estos problemas actualizados se desencadenan otros problemas de envergadura social, los cuales acumulados explotan en conflictos sociales de gran intensidad y muchas veces en violencia de todo tipo; las minorías dominantes, sus ideologías y sus administradores no enfrentan críticamente esta conflictividad, porque en parte ellos mismos la han creado y hacen uso de las crisis para aprovecharse de ellas, es decir, como respuesta a la problemática social ofrecen más ideología que embrutece y utiliza a las masas para sus fines.

1.10. La preservación del mínimum vital familiar.

El sistema nomocrático no debe tolerar por ningún motivo que existan en la sociedad y en el mundo entero, personas desamparadas y sufriendo por necesidades primarias que pueden y deben ser satisfechas mínimamente por todo ser humano; si en el orden nomocrático se ha resuelto el problema entre el trabajo y el capital por medio de la co-propiedad, de las responsabilidades y de los beneficios compartidos en las empresas, significa que todos los trabajadores y sus familias deben estar garantizados en su mínimum vital en la sociedad.

Considerando, que el gobierno nomocrático es el regulador y el garante del bien común de todos los miembros de la sociedad, corresponde al gobierno sostener y defender permanentemente el mínimum vital familiar para que todos los miembros de la sociedad satisfagan sus necesidades básicas; el mínimum vital familiar tiene que actualizarse periódicamente, con el fin de ajustarlo a las necesidades y al costo de satisfacerlas. El mínimum vital familiar consiste en el derecho de toda familia a disponer de un techo, comida, salud, educación, trabajo y seguridad social.

2. El proceso político.

Los problemas fundamentales de toda sociedad, básicamente están precedidos por su entorno cultural y por la definición de su identidad como proyecto social; estos problemas se actualizan por las relaciones de propiedad y por el conflicto por el derecho de gobernar a la sociedad por parte de quienes creen tener este derecho; de estos problemas actualizados se desencadenan otros problemas de envergadura social, los cuales acumulados, explotan en conflictos sociales de gran intensidad y muchas veces en violencia de todo tipo.

La nomocracia como cultura y como proyecto de identidad social, es decir, como solución al proceso decadente que sufre actualmente la humanidad, enfrenta críticamente los problemas de la vida social, por cuanto busca transformar la sociedad para bien del hombre y de toda la humanidad con calidad y excelencia; la nomocracia es un camino a seguir, diseñado y construido por los trabajadores empresarios, por los trabajadores asalariados y por los trabajadores independientes de la sociedad; este camino es el proyecto vital por el cual los trabajadores representantes definen las leyes para la convivencia y la búsqueda del bien común para la entera sociedad. El proceso de seguimiento y respeto de las leyes de los trabajadores, es esencialmente económico, instrumentalmente político y estructuralmente social.

2.1. La transición del modelo social decadente a la nomocracia.

La espada no salva de nada, esta es una verdad históricamente comprobada; esto es en referencia a que la revolución nomocrática no debe buscar su implementación por la vía armada o de forma violenta; significa, que hay que desarrollar todos los esfuerzos posibles y necesarios por evitar la violencia de todo tipo en la búsqueda del cambio social; por el contrario, es conveniente promover negociaciones con aquellas fuerzas sociales, económicas y políticas de los sistemas ideológicos imperantes en cada sociedad y que de alguna manera acepten cambiar la sociedad con los principios nomocráticos; esta actitud negociadora debe buscar abrir espacios para introducir el pacto y el ejercicio nomocrático entre todos los trabajadores en cada sociedad receptora.

El proceso de transición pacífica de la nomocracia en cada sociedad, podrá ser evaluado también por medio de un referéndum entre todos los trabajadores de la sociedad receptora, con el fin de que expresen su voluntad de aceptación o no al ejercicio nomocrático.

2.2. La organización de los trabajadores empresarios, de los trabajadores asalariados y de los trabajadores independientes.

Cuando el orden nomocrático se instituya legalmente en una sociedad, la primera función a promover, será la de organizar institucionalmente a todos los trabajadores empresarios, a los trabajadores asalariados y a los trabajadores independientes de la sociedad, buscando con ello crear el proceso institucional para elegir libremente los nuevos funcionarios del gobierno de la sociedad, los cuales producirán las leyes con las cuales la completa sociedad será gobernada.

Como instituciones organizadas de los trabajadores proletarios o asalariados o independientes, se encuentran las actuales asociaciones de empleados, cámaras de comercio, sindicatos, colegios profesionales, etc.; los trabajadores propietarios o empresarios podrán asociarse como empresarios según sus funciones, tales como cámaras, asociaciones, federaciones, etc.; de igual manera, tanto las instituciones de los trabajadores asalariados y de los trabajadores independientes, como las instituciones de los trabajadores empresarios, tendrían sus filiales geográficas desde las cuales tendrían su participación en la organización, selección y elección de sus representantes en el gobierno nomocrático.

El poder político pertenece a todos los trabajadores de la sociedad en tanto consecuencia del poder económico que generan con su trabajo, por lo que el gobierno fundador tiene como primera tarea, la de organizar las instituciones político-administrativas claves que ejecutarán la gobernanza de la sociedad.

2.3. La elaboración de la *Ley Magna.*

Al constituirse la primera Asamblea del Trabajo, con todos los representantes libremente elegidos por los trabajadores organizados institucionalmente, su primera responsabilidad es la de recoger todas las iniciativas expresadas por los trabajadores empresarios, asalariados e independientes por medio de sus instituciones de base en tanto necesidades, aspiraciones, aportaciones, etc., las cuales sean económicas, políticas, sociales y culturales, con el fin de que la Asamblea del Trabajo tenga un espectro social representativo completo por parte de todos los trabajadores de la sociedad y buscando discutir, consultar y aprobar las leyes básicas con la cual la entera sociedad será gobernada; esta constitución de leyes es lo que llamo **Lex Magna**. Estas leyes básicas de fundación constitucional producidas por la Asamblea del Trabajo, serán las reguladoras de la convivencia de todos los miembros de la sociedad en sus tres dimensiones: la familiar, la económica y la política; la **Lex Magna** producida por la Asamblea del Trabajo, será el orden político que regirá todas las leyes auxiliares que posteriormente se aprueben en el transcurso del ejercicio del gobierno. El depositario, el administrador y el ejecutor de la **Lex Magna,** será la Asamblea del Trabajo y es ella quien contratará al personal administrativo para operar la máquina de gobierno, incluyendo al Primer Ministro o Presidente o Secretario que comandará el aparato de gobierno por contrato.

3. Prefacio del poder político.

3.1. Los frenos del poder político.

3.1.1. La función del poder político.

El fin esencial del ejercicio de todo poder político, consiste, en proteger los derechos de la persona humana y en promover –facilitándole- el cumplimiento de sus deberes personales y sociales en cada sociedad.

El cuidado y la promoción del bien común de una sociedad, no conlleva al ejercicio de un poder absoluto sobre todos los trabajadores y sus familias, por cuanto en última instancia es la libertad de cada miembro de la sociedad la que define el camino a seguir sobre su propia vida; en cuanto tal, el poder político instaurado en la sociedad nomocrática, no debe imponerse sobre la libertad de los trabajadores, por el contrario, el poder nomocrático es el resultado de aplicar la libertad de los trabajadores en la búsqueda y encuentro de la justicia social y el bien común para todos los trabajadores y sus familias de la sociedad.

3.1.2. El poder político como fuerza moral.

El poder político manejado por una ideología en una sociedad, está fundado en la amenaza, en el temor a las penas, en la promesa de premios, en razones de estado, etc. (al que se doblega se le ayuda, quien se esfuerce será recompensado, el débil no tiene cabida); esta factualidad del poder ideológico común en las sociedades actuales decadentes, no mueve eficazmente al hombre a la prosecución del bien común, tampoco respeta la dignidad de la persona humana, es decir, el poder ideológico no enfoca a las personas como seres libres y racionales con dignidad, sino que las enfoca como masas obedientes a las que se pueden manejar con la ilusión, con la fantasía, con la mentira y para aquellas que se rebelan, se les castiga de manera ejemplar para evitar que otros puedan seguir su mala conducta dañina para el gobierno ideológico. El poder político nomocrático actúa de forma contraria, en tanto que es una fuerza moral que apela en primera instancia a la consciencia, a la razón de los trabajadores y al deber que cada trabajador tiene de aportar lo mejor de sí mismo para realizar el bien común de todos los miembros que forman la sociedad.

3.1.3. El abuso del poder político.

El abusar del poder político delegado por los trabajadores de la sociedad por parte de los representantes libremente elegidos, los cuales son los administradores del poder político de la sociedad, conlleva a la negación de los derechos y libertades de todos los miembros de la sociedad. Se deforma, se aliena, se trunca el poder político, cuando en la práctica de gobernanza se le tiene como un poder absoluto. El antídoto contra el abuso del poder político por parte de los gobernantes, comienza, con la participación activa de todos los trabajadores de la sociedad en el proceso de elección, vigilancia y rendición de cuentas de sus representantes en el gobierno.

El gobierno nomocrático tiene que evitar por cualquier medio a su alcance, el abuso del poder politico por parte de los representantes delegados por los trabajadores, es decir, debe evitar que el poder se concentre en pocas manos o fundado en intereses creados o depositado en un solo sector de los trabajadores, ya sean estos empresarios o asalariados o independientes, porque esto podría originar una minoría dominante que utilizaría a la nomocracia como una ideología en contra de los mismos trabajadores de la sociedad.

3.2. El orden y la autoridad.

El orden es un camino a seguir, los seres humanos estamos ordenados a fines, es decir, que los caminos nos llevan a metas, a objetivos, ya sean estos de carácter material o de índole espíritual; cuando no existe trazado un camino, tampoco se le conoce su fin; una persona es desordenada cuando vive sin proponerse metas, esto significa que no sigue ningún camino, que no tiene un orden para su vida.

El camino tiene un ancho y un largo determinados, es como decir que tiene una latitud y una longitud determinadas, con un rodaje definido; para recorrer el camino es necesario respetar el campo de rodaje, si nos salimos por los bordes seguimos un orden accidentado; a ese campo de rodaje le denomino la autoridad, en cuanto que es necesario aplicar cierta autoridad a nuestra libertad con el fin de mantener el orden en nuestras vidas; el salirnos por los bordes constituye un libertinaje y por tanto, forzadamente aplicamos un autoritarismo para caminar, el cual es un remiendo al ordenamiento, pero no la solución adecuada al camino.

Cuando una sociedad dispone de una identidad en el sentido nomocrático, significa que tiene un orden para llegar a su destino trazado y esto implica un respeto a la autoridad que delimita ese orden; el orden y la autoridad así comprendidos, aceptados y obedecidos, conlleva a que toda la estructura social marche con armonía, con justicia y con paz, aunque no excenta de problemas ordinarios de cada día que se resuelven con la participación colectiva de los trabajadores.

Un orden en una sociedad, es el camino que siguen todos sus miembros para realizar sus vidas individuales y colectivamente; el orden contiene las aspiraciones, los principios y los proyectos de vivir la felicidad para todos los trabajadores y sus familias en la sociedad; en la medida en que se vaya recorriendo ese orden, de esa manera se irá desarrollando la identidad nomocrática de una sociedad.

El orden es el campo unificado de la vida social, seguirlo significa desarrollar las facultades individuales con trabajo y buscando un destino común para todos los miembros de la sociedad; el orden busca darle orientación pragmática a las dimensiones estructurales de la sociedad: lo familiar, lo económico y lo político; por ser un conjunto estructurado, el orden logra la armonía en los tres niveles dimensionales de la sociedad y produce las respuestas a la problemática social de una manera fundada en el humanismo radical: estamos con el hombre y para servir al hombre.

La autoridad es la guía del orden, en la autoridad se apoya la tradición del orden y por la autoridad los valores del orden se vuelven realizables; la autoridad en una sociedad nomocrática es la preservación del orden; la autoridad por su misma naturaleza orientada hacia el bien común, rige la convivencia social de una forma racional y justa.

Sin orden y sin autoridad no puede existir la identidad social nomocrática; un orden ideológico instalado en una sociedad (lo cual es ejemplar en las sociedades decadentes actuales), produce una autoridad desnaturalizada ajena al bien común, en tanto que el orden ideológico responde a los intereses de la minoría dominante, la cual es quien detenta el poder real en la sociedad y esta fuerza no la constituye la mayoría de la sociedad o "el pueblo".

3.3. El poder nomocrático y el régimen.

En el poder nomocrático se juntan la intencionalidad y la racionalidad de todas las fuerzas sociales de los trabajadores de la sociedad, las cuales están estructuradas en el orden social; el poder nomocrático se funda en el orden, en cuanto tal, este necesita del ordenador, el cual es la autoridad; el régimen es la materialización de la autoridad; el régimen es quien determina que el poder nomocrático funcione en cuanto aprehensor del orden y en cuanto a ser el expresor de la autoridad. El régimen se fundamenta en la autoridad; gobernanr una sociedad nomocrática es regir el contenido del poder nomocrático, en tanto como conjunto institucional pueda realizar los intereses, satisfacer las necesidades y solventar los conflictos y problemas de la sociedad, es decir, regir a una sociedad nomocrática, significa, conducir a todos los trabajadores y sus familias hacia los fines definidos por el poder económico-político de los trabajadores de la sociedad.

El régimen se encarna en los gobernantes en tanto representantes libremente elegidos por los trabajadores de la sociedad, y el poder nomocrático se encarna en las instituciones, en los recursos de la sociedad y en las leyes aprobadas por los representantes - *Ley Magna*-. El poder nomocrático no se puede cambiar si no se cambia el orden nomocrático, mientras que el régimen es cambiable por medio de la sustitución de los gobernantes y esto se debe a dos factores básicos, los cuales son:

a) Al derecho inherente que tiene todo trabajador empresario o asalariado o independiente por participar como representante de todos los trabajadores de la sociedad en el ejercicio del poder económico-político, es decir, como gobernante de la sociedad.

b) Debido a la realidad mortal del ser humano en tanto gobernante, en el sentido de que no existen gobernantes inmortales. Los gobernantes funcionan para un plazo determinado para el cual han sido elegidos de acuerdo a las leyes establecidas por el orden nomocrático.

El régimen por ser un instrumento de gobierno personal, no puede ni debe cambiar la estructura del poder nomocrático, en cuanto que no es su función operativa, ni tiene el derecho para ejecutar tal cambio; todo intento por cambiar al poder nomocrático, ya sea intencional, anormal o ilegalmente, devendrá en una contradicción de la autoridad y generará en la sociedad afectada una fundada insurrección de parte de los trabajadores de la sociedad.

El poder nomocrático es la expresión de la ley de los trabajadores, el régimen es la norma; la sociedad es el sujeto de la ley de los trabajadores; el régimen se debe a la sociedad y la sociedad se orienta con la norma del régimen. A partir del régimen no se llega objetivamente al orden, es decir, aunque puedan existir excelentes gobernantes como administradores del poder político, pero si no se aferran al orden nomocrático, en vano será cualquier alteración al orden establecido.

Si el orden se fundamenta en la ley, el orden no puede a su vez fundamentarse en el poder, en cuanto que en el poder se sustenta la autoridad, y como el principio de identidad nomocrática en cada sociedad, arranca de un orden –un camino a seguir-, sucede, que una sociedad nomocrática se fundamenta en la ley producida por los representantes de los trabajadores y no por el poder en sí mismo; si la sociedad nomocrática se fundara en el poder por sí mismo, significaría que el camino de su vida colectiva estaría centrado en la autoridad, pero como la autoridad no lleva a ningún orden, sino que el orden conduce hacia los objetivos de la sociedad, entonces el poder emanado por los trabajadores es la base de la autoridad.

La ley se fundamenta en el poder de los trabajadores de la sociedad y el poder se fundamenta en el ejercicio de la ley; la ley es para comprenderla, asumirla y cumplirla, porque en ella descansa el orden de la sociedad; el poder como conductor de la ley, tiene que ser respetado por todos los miembros de la sociedad, porque en el poder descansa la autoridad que guía el orden, es decir, el poder nomocrático es el que lleva al final del camino trazado por los trabajadores de la sociedad.

4. Los trabajadores y el gobierno de la sociedad.

4.1. La política y el compromiso político.

Es necesario distinguir los conceptos de política y de compromiso político en el lenguaje nomocrático; la política tiende hacia la consecución del bien común en la sociedad y en el mundo; el compromiso político busca la participación en la política de parte de todos los trabajadores de la sociedad, tanto para presentar sus demandas, para elegir a sus representantes, como para auditar el proceso de gobernanza nomocrática.

Los trabajadores y sus familias constituyen la comunidad política nomocrática, en tanto individuos son conscientes de su incapacidad individual para transformar la sociedad y realizarce en ella sin la ayuda de los demás, percibiendo por ello, la necesidad de una comunidad más amplia en la que todos se esfuercen por alcanzar la felicidad y el bien común. El bien común abarca todas las instancias de la vida social que permiten al trabajador y su familia conseguir su existencia, su desarrollo y su felicidad como personas en la sociedad.

4.2. La participación de los trabajadores en el gobierno de la sociedad.

La libertad humana tiende a debilitarse y casi a extinguirse cuando el ser humano está condicionado a vivir en extrema pobreza; de igual manera, la persona se desnaturaliza como ser social cuando se inclina por una vida de lujo, teniendo a su alrededor o existiendo en el mundo hombres en estado de miseria. Los trabajadores de una sociedad son lo propios artífices en la búsqueda de una participación en el compromiso político, por cuanto son las necesidades de la vida social las que deben motivar a que los trabajadores busquen eliminar los extremos de la miseria y del lujo entre todos los miembros de la sociedad, a partir de la búsqueda, lucha y participación en el gobierno de la sociedad.

Las motivaciones sociales para que los trabajadores participen en el compromiso político, implican, que el gobierno nomocrático exija por medio de leyes y motive por medio de las instituciones laborales, a que todos los trabajadores empresarios, asalariados e independientes participen en la elección libre de los representantes políticos del gobierno. Con la participación de los trabajadores por medio de sus asociaciones en la vida política, se les abre a ellos un panorama de colaboración para el bien común de la sociedad y para el mundo entero; esta participación conlleva a la colaboración con la autoridad nomocrática para la consecución del bien común y además, conlleva a la renovación constante del proceso político de la nomocracia.

4.3. La dirección del poder político: el gobierno de la sociedad.

La función del poder político nomocrático, se fundamenta en gobernar a la sociedad respetando los derechos y las libertades fundamentales de todos los miembros de la sociedad, por cuanto en estos derechos y libertades se apoyan las leyes producidas por los representantes de todos los trabajadores de la sociedad. El gobierno de la sociedad, por tanto, es el promotor del desarrollo autónomo de la sociedad, desarrollo que conforma el objetivo diario de realización humana en lo social y externamente colabora con otras sociedades para intercambios de productos y servicios humanos, sociales, culturales y físicos.

El poder económico-político le pertenece a todos los trabajadores de la sociedad, el gobierno es el régimen que ejercita el poder político en el tiempo, en el espacio territorial y con los recursos propios; el gobierno es la autoridad delegada por los trabajadores en sus representantes libremente elegidos por ellos.

4.4. La capacitación de los funcionarios públicos.

Cualquier trabajador interesado en participar en el gobierno nomocrático, antes y después de ser elegido libremente en su respectiva asociación para postularse para un cargo, deberá de estudiar y obtener su diploma respectivo en una escuela de administración pública acreditada en o fuera de la sociedad; opino que los tres grados básicos de graduación que son comúnmente aceptados académicamente, tales como el de licenciatura, maestría y doctorado, deben correr paralelamente a los cargos públicos del gobierno nomocrático según sea la población, los intereses estratégicos, las condiciones legales, etc. a las cuales va a servir el funcionario a futuro; en cuanto tal, la responsabilidad de servicio en el gobierno por parte de cualquier trabajador elegido por su asociación para un cargo público, necesariamente tiene que tener un respaldo educativo garantizado académicamente, por cuanto la función política requiere de una excelente educación y entrega de servicio honesto para el bien común de la sociedad.

La tradición ideológica de la política, en cuanto a la lucha por el poder por parte de los políticos, enseña, que para ser político se requiere primeramente obedecer al sistema ideológico, tener carisma, saber endulzar los oídos del populacho con arengas y promesas, tener conexiones, disponer de un buen presupuesto, tener buenos asesores, disponer de experiencia, etc., pero lo que menos se les exige a los politicos ideológicos, es tener educación apropiada para el ejercicio del poder politico; sin embargo, esto es un requisito mínimo dada la grave responsabilidad de gobernar una sociedad; en la sociedad nomocrática humanista se debe trabajar para la educación y la educación es para gobernar, se gobierna para garantizar el bien común y esto no se puede lograr sin estar educado para conocer las necesidades y la manera de como poder satisfacerlas para todos los miembros de la sociedad.

Lo que falta por escribir sobre la nomocracia, tanto teóricamente, como el desarrollo que podrá tener en las distintas sociedades del planeta, corresponde a los jóvenes trabajadores líderes de cada sociedad dedicarse a su implementación; jóvenes que asuman la aventura civilizadora de llevar la revolución nomocrática a la práctica en todas las sociedades como solución al proceso decadente que sufre la humanidad en el siglo XXI.

Epílogo

Ante la decadencia que sufre la humanidad en nuestra época (2016), es necesario que se ofrezcan soluciones por parte de hombres y mujeres intelectuales humanistas que sufrimos la decadencia en todo el mundo; es aplaudible el esfuerzo que hacen algunos científicos en sus esfuerzos de investigación por darnos más y mejores conocimientos sobre la vida humana, la vida social y la vida física, así como organizaciones internacionales que luchan por la defensa de los derechos humanos, por la paz, por la salud, por saciar el hambre de millones de personas en el mundo, etc.; también es de reconocer la nobleza de muchos hombres y mujeres que entregan lo mejor de sus vidas atendiendo a los marginados, a los perseguidos y a los más necesitados del mundo; igual es de apreciar a algunos ricos del planeta que se desprenden de parte de sus riquezas de forma anónima, para ayudar a mitigar el dolor humano de los Lazaros en algunas partes del mundo. Todos estos esfuerzos si fueran canalizados con una mentalidad humanista y se multiplicaran a nivel mundial, la decadencia iría cediendo terreno en su gravedad; sin embargo, las ideologías que implementan las minorías dominantes del planeta para promover el lucro, la avaricia, la violencia, la muerte, las drogas, las guerras, la injusticia social, etc., es decir, el antihumanismo decadente, no dejan que estos esfuerzos se multipliquen y que la decadencia al menos se detenga; es por ello que considero necesario que la tarea urgente de toda persona consciente de la decadencia que sufre la humanidad modernamente, es la de rechazar de cualquier forma la mentalidad, la manipulación y la vivencia ideológica que utilizan las minorías dominantes del mundo, y asumir el reto humanista de trabajar con el hombre y para servir al hombre de la mejor forma posible.

La historia de la cultura social de 6,000 años de la humanidad, nos enseña, que ante el proceso decadente que sufre actualmente la humanidad a causa del dominio hegemónico de minorías parásitas y de la manipulación ideológica que hacen uso estas minorias en las sociedades, solamente el renacimiento de minorías creadoras en todas las sociedades del mundo, hará posible la creación de nuevos proyectos de liberación para salvar a la humanidad de su decadencia, porque sólamente la cultura llevada a su máxima expresión en la sociedad, puede llevar a las masas a la liberacion del dominio, del servilismo y de la esclavitud en que se encuentran sujetas por las minorias dominantes del planeta; la cultura es el producto colectivo del trabajo del hombre viviendo en sociedad, pero el trabajo de los hombres aplicado en la sociedad, debe ser reconocido como el fundamento del poder económico de la sociedad, por tanto, corresponde a los trabajadores de la sociedad, definir las leyes políticas con las cuales la completa sociedad deba gobernarse; en este sentido, los trabajadores de la sociedad y no el pueblo en general, ni una minoría, ni un partido, ni una monarquía, ni una teocracia, etc., son los sujetos del poder económico-politico de la sociedad; este renacimiento cultural solamente puede ser posible realizarlo por medio del surgimiento en las sociedades de minorías creadoras que impulsen el proceso revolucionario de la nomocracia.

La filosofía cristiana al enfocar el trabajo del hombre viviendo en sociedad, reconoce el trabajo de los empresarios, de los asalariados y de los independientes en la sociedad y en el mundo, como la continuación de la creación de Dios, en tanto el trabajo del hombre es digno y trascendente; sin embargo, el trabajo del hombre en cuanto es un producto digno de un ser digno como es el hombre, la humanidad no le ha dado la importancia esencial y radical que desempeña en la sociedad, solamente se ha enfocado a los trabajadores por parte de las minorías dominantes como instrumentos de explotación, de dominio, de manipulación, de carne de cañón, de números fríos, de riesgos calculados por rebelión, etc., utilizando para ello el uso y la manipulación de ideologias de todo tipo para embrutecer y controlar a las masas de trabajadores en cada sociedad y en todo el mundo. Si los trabajadores son los agentes que continúan la creación de Dios, corresponde a ellos definir las bases y las condiciones con las cuales quieran gobernarse en la sociedad, y no corresponde al pueblo o a una minoría o a una religión o a un partido o a una monarquía, etc. definir la gobernanza de la sociedad; en cuanto tal, si los trabajadores empresarios, asalariados e independientes son los que desarrollan y sustentan el poder económico con su trabajo en la sociedad, corresponde a ellos en consecuencia, definir el constitutivo político de la sociedad a las cual pertenecen, es decir, los trabajadores de la sociedad son los depositarios, los responsables y los dueños del poder económico-político en la sociedad; porque no pueden merecer menos aquellos que se dedican a la continuación de la creación de Dios con su trabajo.

La nomocracia, en tanto constituye una filosofia humanista anti-decadente, resume la enseñanza de la historia en cuanto al sentido social de la humanidad y de la filosofia cristiana respecto al trabajo del hombre; mi teoría cosmobionómica explicada suscintamente en este ensayo, busca demostrar en síntesis el poder de las leyes de los trabajadores para gobernar a la sociedad como consecuencia histórica, moral y humanística que a ellos les corresponde; este poder de las leyes de los trabajadores, no es más ni menos que el poder económico-politico que mueve a una sociedad en su desarrollo cultural. La filosofia nomocrática se encuentra expuesta y disponible para que las nuevas minorías creadoras de las sociedades la impulsen como una revolución renancecista, humanista y anti-decadente, la cual libere a la humanidad del dominio hegemónico de las minorías parásitas del planeta.

Mi aportación para superar la decadencia que sufre la humanidad en nuestra época (2016), no pretende en modo alguno ser la única alternativa para superar la decadencia, por cuanto el producir alternativas de solución a la decadencia que sufre la humanidad, es una responsabilidad de toda la humanidad; sin embargo, ofrezco este ensayo como una invitación a todos los jóvenes trabajadores empresarios, asalariados e independientes de todo el mundo, para que luchen por una aventura humanista, para que generen minorías creadoras en sus respectivas sociedades y con la implementación de la nomocracia en cada sociedad que les corresponda, pueda renacer la verdad, la justicia, el amor a la vida y la fe en un futuro mejor para las nuevas generaciones, y de esta manera superen la decadencia que sufre la humanidad en nuestra época.

Que Dios les bendiga en su misión, sera mi oración permanente hasta que tenga vida presente.

Anaheim, California, USA

Marzo 29, 2016

Indice, Pag. #